Training Coursebook
in Scientific Educational
Experiments

科学教育实验实训教程

——中小学科学实验

董孔庆 姚旻 主编

中国财经出版传媒集团

经济科学出版社

Economic Science Press

图书在版编目（CIP）数据

科学教育实验实训教程：中小学科学实验/董孔庆，
姚旻主编．—北京：经济科学出版社，2016.11
ISBN 978 - 7 - 5141 - 7530 - 1

Ⅰ．①科…　Ⅱ．①董…②姚…　Ⅲ．①科学实验 -
教学研究 - 中小学　Ⅳ．①G633.72

中国版本图书馆 CIP 数据核字（2016）第 296339 号

责任编辑：李　雪　刘　莎
责任校对：刘　昕
责任印制：邱　天

科学教育实验实训教程
——中小学科学实验
董孔庆　姚　旻　主编
经济科学出版社出版、发行　新华书店经销
社址：北京市海淀区阜成路甲 28 号　邮编：100142
总编部电话：010 - 88191217　发行部电话：010 - 88191522
网址：www.esp.com.cn
电子邮件：esp@ esp.com.cn
天猫网店：经济科学出版社旗舰店
网址：http：//jjkxcbs.tmall.com
北京纪元彩艺印刷有限公司印装
710 × 1000　16 开　12.25 印张　200000 字
2016 年 11 月第 1 版　2016 年 11 月第 1 次印刷
ISBN 978 - 7 - 5141 - 7530 - 1　定价：36.00 元
（图书出现印装问题，本社负责调换。电话：010 - 88191510）
（版权所有　侵权必究　举报电话：010 - 88191586
电子邮箱：dbts@ esp.com.cn）

前言

　　本书是一本以中小学科学实验研究为教学内容的科学教育专业实验实践教材。以科学教育师范专业对中小学科学实验要求为前提和需求，在两位主编多年对科学教育师范专业的实验教学经验基础上编著而成。全书以中小学科学实验为内容，以教师角色规范实验及相关问题，同时以准教师身份进行实验设计与创新，开展了一系列对中小学实验教学的研究。

　　全书共分六篇。第一篇为科学，主要概述科学与科学教育的相关概念及教学目的，能更好地认知本专业与本实验课程的教学目的。第二篇为实验，主要阐述中小学科学实验与中小学实验室等相关知识及教学目的，了解当下中小学科学实验概况，以及实验室建设，安全与日常维护等知识。第三篇为实验仪器设备，主要针对中小学科学实验各类仪器设备的设计原理、使用和注意事项等进行介绍，并阐述教学目的，掌握当下中小学科学实验主流教学实验仪器和实验的使用。第四篇为科学教育教学创新，培养实验仪器创新设计与实验教学方式创新能力，并阐述教学目的，了解、掌握实验仪器设计与实验教学更新。第五篇为课外实验实践，主要介绍当下中小学课外有关科学实验实践及教学目的，了解当下中小学一些课外科学相关的实验实践与竞赛，使自身更具就业优势与竞争力。第六篇为实践实验，结合前面五个部分设置一些具体实践实验内容，并阐述教学目的，提高学生的实践实验动手能力和实验分析能力等。

本书可作为高等师范类院校科学教育师范专业教材和参考书，也可供中小学科学教师的实验教学参考之用。

科教师范教材中涉及到科学实验实践的教材比较少，这是一本抛砖引玉的教材，是一种尝试，缺点和错误在所难免，敬请使用和阅读本书的教师、学生和读者不吝指正。同时，感谢浙江外国语学院对本书编写提供的帮助，感谢浙江外国语学院黄文璇、杭州大关中学附小徐福华、杭州风华中学胡川、诸暨阮市镇初级中学魏欢平、宁波奉化疯狂思维馆任雨薇、瑞安瑞祥实验学校陈程洁、台州椒江五中何青青参与本书的编写，以及提供的资料、意见。

编者

2016 年 11 月

目录

第一篇　科　学

　　"科学"是一个非常熟悉的词语，可是有多少人真正了解这个词语，应该如何辨识"科学""非科学"与"伪科学"？"反科学"与"科学"又有什么关系呢？"科学教育（师范）专业"究竟学什么？未来又要教什么？这些问题的回答对"科学教育（师范）专业"的学生而言至关重要。

第一章

"科学"与"科学教育"

第一节　"科学"的内涵

一、"科学"一词的由来与发展

1. 古汉语"科学"说文解字

"科学"二字在汉语中古已有之，根据《说文解字》，"科"作为会意字，科字"从禾从斗"，合起来意味着"衡量、分别谷子的等级品类"，在古汉语中"科学"如果作为一个词语使用，其含义应该是"关于衡量、分类的学问"。事实上从唐朝到近代以前，"科学"一词在汉语典籍中并不常见，偶有出现是作为"科举之学"的省略语存在的。也就是说，"科学"二字在古汉语中的含义却与我们现在理解的含义相距甚远。

2. 舶来词"科学"的引入与发展

在英文中，科学（science）一词基本上指自然科学（natural science）。而 science 一词源于拉丁文 scientia，后者含义更为宽泛，是一般意义上的"知识"。德文"wissenschaft"与拉丁文"scientia"类似，不仅指自然科学，也包括社会科学，以及人文学科。

日本学者首先使用"科学"一词来翻译英文中的"science"及

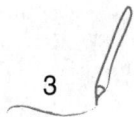

其他欧洲语言中的相应词汇。在日本幕府末期到明治时期，"科学"是指专门的"个别学问"，有时候也意为"分科的学问"。明治时期，日本近代史上著名的启蒙思想家、哲学家西周第一次选用"科学"这个词语作为"science"的译词。

中国传统上将所有的知识统称"学问"，古代将关于自然物道理的学问也就是自然科学称为"物理"。从明代开始，中国将研究自然之物所得的学问称为"格物致知"，简称"格致"或者"格物"；直至中日甲午战争以前，出版的许多科学书籍多冠以"格致"或"格物"之名。晚清政府在中日甲午战争中惨败给通过明治维新走上近代化之路的日本，备受刺激的中国掀起了学习近代西方科技的高潮。一般认为中国最早使用"科学"一词的学者是康有为，他出版的《日本书目志》中就列举了《科学入门》《科学之原理》等书目。辛亥革命时期，中国人使用"科学"一词的频率逐渐增多，出现了"科学"与"格致"两词并存的局面；五四运动后，"赛先生"（science）声名鹊起；在中华民国后期，通过"中国科学社"① 的科学传播活动，"科学"一词基本取代了"格致""格物"。

二、"科学"的含义

1. 对"科学"的一般理解

根据《现代汉语词典》的解释，"科学"有两层含义。第一层含义是"反映自然、社会、思维等的客观规律的分科的知识体系"，是个名词，这个说法重在"分科"，因此我们经常看到这样的"分类"：自然科学、社会科学、思维科学。第二层含义是"合乎科学（精神、方法等）的"，是个形容词，这一解释其实也反映了人们对"科学"的一般认识，但是却也容易造成混淆：人们往往容易将"合

---

① 中国科学社，原名"科学社"：中国最早的现代科学学术团体。近代中国历史上第一个民间综合性科学团体，是由留学美国康奈尔大学的中国学生赵元任、任鸿隽、杨铨等在1915年发起成立的民间学术团体，以"联络同志、研究学术，以共图中国科学之发达"为宗旨。1918年迁回国内，1959年停止活动，存在近半个世纪。在中国现代科学文化的发展中，中国科学社贡献颇大。

乎科学精神、合乎科学方法"视为正确无误，误以为"科学的"就是"正确的、合理的"。

2. 学界对"科学"内涵的解释

事实上，"科学"有着更加丰富的内涵。虽然至今学界仍然无法给"科学"下一个哲学家和科学家都公认的定义，但是我们可以通过以下几个定义了解"科学"的大致含义。

1888年，达尔文曾将"科学"定义为"整理事实，从中发现规律，做出结论"，他指出了科学的内涵是事实与规律，认为科学是建立在实践基础上，经过实践检验和严密逻辑论证的，关于客观世界各种事物的本质及运动规律的知识体系。

法国《百科全书》认为："科学首先不同于常识，科学通过分类，以寻求事物之中的条理。此外，科学通过揭示支配事物的规律，以求说明事物。"

苏联《大百科全书》认为："科学是人类活动的一个范畴，它的职能是总结关于客观世界的知识，并使之系统化。'科学'这个概念本身不仅包括获得新知识的活动，而且还包括这个活动的结果。"

《辞海》1999年版认为：科学是"运用范畴、定理、定律等思维形式反映现实世界各种现象的本质的规律的知识体系"等。

第二节 "科学""科学方法" 与"科学精神"

一、"科学"的特征与标准

1. "科学"的特征

尽管目前还没有对"科学"的公认的定义，但是这并不等于没有对"科学"的公认的判断标准。对于"科学"的核心特征或者说所谓"科学精神"，随着人类的进步，有不同的观点，一般认为科学

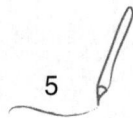

具有以下四个特征：客观实在性（一切以客观事实的观察为基础）；可证伪性（falsifiability）①（原则上能够被一个或一组可能的观察陈述所证伪）；存在一个适用范围（而不是放之四海皆准的绝对真理）；普遍必然性（可以回到实践中去，能够解释或预测其适用范围内的已知的或未出现的所有事实）。

2. "科学"的标准

根据方舟子的分析，判断某一理论是否"科学"的标准主要有逻辑的标准、经验的标准、社会学的标准、历史的标准：

（1）逻辑标准。

从逻辑上看：第一，科学理论必须是自洽的，即要做到逻辑上的一致性，要能自圆其说，不能自相矛盾；第二，科学理论必须是简明的，不能包含不必要的假设和条件；第三，科学理论必须是能够被证伪的，不能在任何条件下都永远正确、不能有任何的修正；第四，科学理论必须是有清楚界定的应用范畴的，只在一定的条件下、在一定的领域中能够适用，而不是无所不能、无所不包。

（2）经验标准。

从经验上看：第一，科学理论必须有可以用实验或观察加以检验的预测，而不只是空想；第二，在实际上已有了被证实的预测，也就是说，一个科学理论不能只被证伪，却从未被证实过；第三，检验的结果必须是可以被别人独立地重复出来的；第四，对于辨别数据的真实与否要有一定的标准，而不是根据自己的需要对数据及其关系随意解释。

（3）社会标准。

从社会学上看：第一，一个科学理论必须能够解决已知的问题；第二，必须提出可以让科学家做进一步研究的新问题和解决这些问题的模型，即它必须能够做出可检验的预测；第三，对新提出的概念必须做出切实可行的定义，而不是一些子虚乌有的、对解决问题

---

① 可证伪性是指"作为一个科学理论，必须清楚地说明在什么情况下有可能被推翻"，这是英国著名科学哲学家卡尔·波普首先提出的，他指出科学理论必须能够被证伪，可证伪性是科学的必要条件，但并不是充分条件。

没有任何帮助的伪概念。

（4）历史标准。

从历史上看：第一，一个科学理论必须能够解释已被旧理论解释的所有的数据，即不能只挑选对自己有利的数据做解释，而无视不利的数据；第二，必须能够跟其他有效的平行理论相互兼容，而不能无视其他理论的存在，自成一统，甚至唯我独尊，要把一切科学理论全部推倒重来。①

二、"科学方法"与"科学精神"

从这四个标准可以大致了解科学方法的几个步骤（严谨的观察，构建假说并对它加以验证，面对新信息的开放性，接受他人的监督、审查和检验）。从这里也可以发现探索、怀疑、实证和理性就成了题中应有之义的"科学精神"。

经典的科学方法有两大类，即实验方法和理性方法，具体的说主要就是归纳法和演绎法。归纳法是指从个别描述上升到一般陈述（或定律定理原理）的方法。经验科学来源于观察和实验，把大量的原始记录归并为很少的定律定理，形成秩序井然的知识体系。演绎法则是指应用一般陈述（或公理定律定理原理）导出特殊陈述或从一种陈述导出另一种陈述的方法。演绎推理的主要形式是三段论，即大前提（一般事理）、小前提（论证的个别事物）和结论（论点），用演绎法进行论证，必须符合演绎推理的形式。当然，不管采用何种类别的科学方法，都离不开上述步骤。

由此，可以发现"科学"最重要的内涵不在于其结果的正确性，而在于其方法的规范性②，简言之，"科学"并不都是正确的，科学是在规范方法的指引下不断在自我修正、自我纠正甚至自我毁弃的过程中一步一步向前发展的。

---

① 参考自方舟子：《方舟子破解世界之谜》，陕西师范大学出版社 2007 年版。
② 科学是获取知识的过程，而非知识本身：Science is actually a process used to solve problems or develop an understanding of natural events that involves testing possible answers.

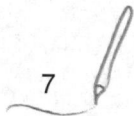

第三节 与"科学"相关的几个概念

为了更准确地理解"科学"的概念，有必要厘清几个与"科学"相关的概念。

一、非科学（non-science）

"非科学"（non-science）与科学相对，指的是广义的科学之外的所有知识体系或观念，包括艺术、哲学、宗教、神学、灵学、占星术和迷信等。"非科学"是指其不具有或不完全具有科学的特征，如那些与科学统一文化体系不同于科学认识对象的其他文化范畴（宗教、哲学和艺术等），以及与科学处于不同的文化体系中没有按照科学的认识方式认识事物的文化范畴（道家文化、儒家文化和中医等）。

"非科学"一般不能预测现象。"非科学"常常试图用一些自认为新奇的理论去解释世界，然而结果也只能停留在解释已有现象上，不能预测任何新的东西。正如"科学"不一定都正确一样，"非科学"也并不一定都不正确。当然，"科学"与"非科学"的界限并非永恒不变的，原来属于"非科学"的假说如果按照科学方法通过检验，就会转变为"科学"；而原来属于"科学"范畴的说法随着认识的进一步深入发展而被修正、被摒弃，从而转变成"非科学"。

二、伪科学（pseudoscience）

"伪科学"是非科学的一个子集，但是非科学不等于伪科学，只有当有人拿非科学的东西冒充科学时，才变成了伪科学。

"伪科学"（pseudoscience）一词最早出现在 1848 年，是由一个希腊词根 pseudo（pseudo 对应英文为 false）和一个拉丁词根 scientia 组成。顾名思义，"伪"就是假的，但是这个"假"还不是一般的"假"，是"很像真的"的那种"假"，它是指把没有科学根据的非科学理论或方法宣称为科学或者比科学还要科学的某种主张，如星占学、维里科夫斯基碰撞理论、李森科的无产阶级遗传学等。伪科学不同于一时的科学错误，它是一种社会历史现象，要害在于，它在特定的时间和地点冒充科学，把已经被科学界证明不属科学的东西当作科学对待，并且长期不能或者拒绝提供严格的证据，以此来达到自身目的。

以"上帝创造了宇宙（God created the universe）"这一说法为例，因其不可证伪性，它是属于非科学；但是假如有人试图披着"科学"的外衣让人误以为它就是科学的话，那它就又会变成了"伪科学"。

三、反科学（anti-science）

"反科学"的概念不同于非科学、伪科学，它不是科学本身的真伪和好坏的区分，它也不反对科学……它主要不是来自于科学的外部，而是来自于科学内部的一种自我反思。"反科学"指的是因为20世纪以来，科学恶性膨胀而引起的一种恐惧、逆反情绪。它代表着一个松散的思潮，并没有系统理论，也没有成形的组织；它是对科学自身弊病的理性反思，基于事实作出的思考，而不是恶意地谩骂歪曲；它是思想而不是行动；一般而言，它能够引导人们反思科学本身的价值。

第四节　科学教育（师范）专业简介

一、"科学教育"的内容

科学教育即 STS（science，technology，society）教育，起源于美国，也称科学教育体系。我国的科学教育是以全体青少年为主体，以学校教育为主阵地，以自然科学学科教育为主要内容，并涉及技术、科学史、科学哲学、科学文化学、科学社会学等学科的整体

教育。

前文讲到，"科学"最重要的在于获取知识的过程，而不是知识本身，因此"科学教育"是关注科学技术时代的现代人所必需的科学素养的一种养成教育。它是将科学知识、科学思想、科学方法、科学精神作为整体的体系，使其内化成为受教育者的信念和行为的教育过程，以期使青少年掌握自然科学的基本知识和基本技能，学会科学方法，体验科学探究，理解科学技术与社会关系，把握科学本质，养成科学精神，全面培养和提高科学素养；并通过培养具有科学素养的合格公民，发展社会生产力，改良社会文化，从而使科学态度与每个公民的日常生活息息相关，让科学精神和人文精神在现代文明中交融贯通。①

二、"科学教育"的目标

"科学教育"目标可以分为促进人发展的目标和促进社会发展的目标，前者是科学教育本体功能的体现，后者是科学教育外在职能的体现。

"科学教育"的目标与"科学"内涵的理解紧密相关。在科学教育的发展早期，科学教育主要强调"知识系统"和"生产力因素"内涵。19世纪中叶，英国哲学家和社会学家斯宾塞的《什么知识最有价值》突出了科学知识的价值，第一个系统阐述了其科学教育思想，同时，著名科学家赫胥黎尖锐地批评传统的古典教育，强调科学知识的教育。随着对科学本质的认识越来越清晰和全面，对科学价值的认识日益深刻，科学教育目标也不断发展。

总的来看，科学教育育人目标与科学教育内涵的发展是一致的。从最初的注重知识、技能到关注方法与过程，到关注科学、技术与社会关系、把握科学本质。科学教育育人目标的重心在发生着摇摆和震荡，并不断寻找着平衡与融合，这种平衡与融合集中反映在当

---

① 中国科学院.2001科学发展报告.北京：科学出版社，2001.

代"科学素养"① 理念的提出与发展，也表现在我国新课程标准中提出的科学知识与技能、科学方法与过程、情感、态度与价值观三位一体的全面科学教育目标。

这些过程充分展示了人们对科学技术与社会发展的理解在不断深化。当今科学教育的社会功能目标取向已经突破了"工具理性"，更加关注科学教育应该体现的人文关怀和改善社会文化的功能。

三、科学教育专业简介

1. 科学教育专业的培养要求

科学教育学科要求学生掌握教育科学研究的基本方法；具有从事教育专业教学和其他一两门中小学学科教学工作的能力；熟悉我国的教育方针、政策和法规；了解教育科学的理论前沿、教育改革的实际状况和发展趋势；掌握文献检索、资料查询的基本方法，具有一定的科学研究和实际工作能力。

2. 科学教育专业毕业生的就业方向

科学教育专业毕业生一般从事综合实践活动教师和技术教师，尤其是专业化的综合实践活动于技术教师；专业化的科技场馆人员；专业化的（科技教育基地）科普工作者；报社、广电等大众媒体科普栏目的科技传播者；社区、农村、企业等科技站工作者；科普管理者（科协、社区、科技站等）的人员；信息网络大众科普产品制作的人才；科普产业自由人等科技教育、传播与普及的专业化人员。

---

① 科学素养（scientific literacy）：国际上普遍将科学素养概括为三个组成部分，即对于科学知识达到基本的了解程度；对科学的研究过程和方法达到基本的了解程度；对于科学技术对社会和个人所产生的影响达到基本的了解程度。目前各国在测度本国公众科学素养时普遍采用这个标准。具备基本科学素养：只有在上述三个方面都达到要求者才算具备基本科学素养的公众。

第二篇　实验

第二章

实验与实验室

第一节 实　　验

一、实验的概念

根据科学研究的目的，尽可能地排除外界的影响，突出主要因素并利用一些专门的仪器设备，而人为地变革、控制或模拟研究对象，使某一些事物（或过程）发生或再现，从而去认识自然现象、自然性质、自然规律。

实验是科学研究的现实和事实基础，是理论体系的支持依据，是破旧和立新的基本论据。牛顿的一系列定律都是建立在实验基础之上，并被不断重复实验来验证。不仅包括物理，还有化学、生物以及其他学科。当然，由于受制于当下人们的认知和技术限制，很多科学理论都是在实验的验证下不断被修正，甚至是被推翻否定的。

例如，自由落体运动是人们司空见惯的物理现象。但是，在16世纪以前，由于缺乏实验手段而被亚里士多德的错误观点，即物体越重下落速度越快，统治了1 800多年。直到伽利略在比萨斜塔上做了科学史上著名的比萨斜塔实验（见图2-1-1），才发现了自由落体运动的规律。之后，随着科技的发展，人们优化了自由落体运动的实验，进一步论证了此新理论体系。由此可见，实验对于科学理论体系的创立，论证和发展占有十分重要的地位。

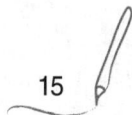

二、实验的分类

实验的分类方式有很多种，一般的有按照学科分类，有物理实验、化学实验、生物实验等，按照实验目的分类，有验证性实验、探索性实验，按照实验结果分类，有定性实验、定量实验。

中小学科学实验主要以各物理、化学、生物的定性验证实验为主，尤其是小学科学实验，因此，作为科学教育教师在选择实验作为教学使用时，应该尽量避免定量的实验，或者将定量的实验进行修改，能将明显的定性实验现象呈现出来。

图 2 - 1 - 1　比萨斜塔

三、实验的基本特性

实验分门别类、各有千秋，但是它们都有实验的特性，这是各门各类实验都具有的。

实验的基本特性：客观性、必然性、偶然性。

1. 实验的客观性

所谓实验的客观性就是指人们虽然可以利用一些专门的仪器设备，人为地变革、控制或模拟研究对象，使某一些事物（或过程）发生或再现，但是这些事物（或过程）发生或再现是有其客观性的，不会随人们的意识达到其所意愿的结果发展。

例如，前者讲到的自由落体运动，人们可以随意更改研究的对象：用棉花与铅球，羽毛与铁块；或者用不同形状：铁片与铁珠，一张纸和一团纸；甚至用不同的重量：10 克铁珠与 50 克铁珠，1 克棉花与 1 千克棉花；也可以对一个自由落体运动重复多次。但是，实验的结果却是客观的，它安全遵循自由落体运动的物理现象，并不会出现其他情况。

2. 实验的必然性

实验的必然性是指实验的一些事物（或过程）发生或再现是有其必然的发生规律过程和必然的结果的，这些过程和结果不是偶尔出现的。在特定的一定条件下事物（或过程）发生或再现，那对照的是其必然的过程和结果；在特定的其他条件下事物（或过程）发生或再现，那对照的是其必然的其他过程和结果。

再以自由落体运动为例，自由落体运动在真空，铁片与铁珠的对比；在空气，铁片与铁珠的对比；在水中铁片与铁珠的对比。它们的结果对应的是自由落体运动的必然结果，改变的外在条件会相应的对应其条件出现的必然结果，绝不会偶尔出现。

3. 实验的偶然性

实验的偶然性是指实验的一些事物（或过程）发生或再现，由于其他情况导致过程和结果的异常。

同样以自由落体运动为例，亚里士多德以羽毛和铅块作对比得出的物体越重下落速度越快的论断，在反复地以轻重物体对比以后得出这个论断；伽利略的比萨斜塔实验恰恰出现了偶然性，从而使自由落体运动的理论得以破旧立新。又以青霉素为例，弗莱明发现的青霉素就是一次偶然的实验结果，他的实验完全没有设想过会有青霉素的存在，而是在青霉素出现后再进一步对青霉素进行观察。

实验的偶然性是因为实验操作中由于当下人们的认知和科技水平下，对条件设置或者认知不足，而出现的一种出乎必然的过程和结果的偶然性。当人们的认知和科技水平达到一定水平，能充分地考虑到实验操作条件设置和认识下，出现的一种对应的必然性过程和结果。

因此，科学实验是偶然性的必然，也是必然性的偶然，是客观存在的。

四、实验特点（要求）

实验是需要观察的、需要动手操作的、需要科学假设的、需要论证总结的。

1. 实验是需要观察的

实验的观察不是简单地看，实验的观察不仅要"观"，还要会"察"。"观"是要将实验的过程、现象和结果能看个清楚明白；"察"是要发现实验过程中的出现的相似、相同或不一样的现象和结果。

科学实验的偶然性是与实验人员的观察能力有着很大的关系。伽利略正是对比萨斜塔实验观察才最终确定了新的自由落体运动理论体系的基础。亚里士多德的错误的自由落体理论体系在解释了很多种现象，例如材质重的落地肯定材质轻的落地速度快，为什么伽利略会做比萨斜塔实验？伽利略在一次偶然的情况下，发现桌上落地的盘子跟叉子基本上同时落地，由此，萌发伽利略对亚里士多德错误的自由落体理论体系的质疑，从而设计了著名的比萨斜塔实验。

现在，尤其是作为学校中的实验，中小学生甚至是大学生中的大多数都还是停留在"观"的层面，而很少涉足"察"的层面。造成这种局面的原因是学校的实验大多数是验证性实验，学生都很清楚实验的过程、现象和结果，因此，忽视了"察"的层面；另外，由于学校的实验都是教条式、机械式和灌输式的实验教学，学生失去了对"察"的兴趣。这大大影响了学生的正确对待实验的态度，养成了学生不好的实验习惯。对于这点，应该值得科学教育师范专业的学生和科教教师思考和解决的实验教学问题。

2. 实验是需要动手操作的

实验是必须要动手操作的，不是仅凭观察、理论分析就可以完成的事情。动手是指实验过程要遵循实验的事实，完整地、客观地、准确地记录实验数据、实验现象和实验结果；操作是指按照实验设计完成实验仪器或者实验步骤操作，以及应对实验中突发的事情。

对于第一手实验数据、实验现象和实验结果必须由本人或者本人的团队动手操作完成实验获得，不能假手于人，不能理论臆想，更不能肆意编造。

实验的动手操作将直接对实验数据、实验现象和实验结果的准确性和可信性造成影响。*Nature* 和 *Science* 两个全球公认的顶尖自然科学杂志每年都会发表大量的实验研究和与实验研究相关的新理论、新发现。然而，并不意味着刊登在这两大杂志上的实验研究成果就是准确无误的。很多科研人员会根据文章的实验进行再验证以确认其真实可信性，因此，每年都会有很多实验研究成果被否定掉，在这些被否定的实验研究成果中，很大一部分是由实验仪器操作不当、数据的不真实性引起的。

对于科教教师和科学教育师范专业的学生而言，最容易出错的并不是在具体某个实验动手操作上，而是在实验创新和实验设计上。对于中小学科学教师而言，大部分工作都是在文案上，因此，在涉及实验创新和实验设计时，文案自然而然地囊括了一切，包括实验现象和实验结果。确实，很多中小学的科学实验现象和实验结果可以用文案来解决，但是，并不意味着全部。有一个学生在实验教学中设计了一个实验教案，关于铜丝铁丝的阻抗大小的粗测。从教案上来说，无可挑剔，非常不错，甚至可以成为范本，然而，从实验操作性来说，这就是一个荒唐事情。整个实验的设计是建立在铜丝铁丝电阻在已知的前提下，而获知铜丝铁丝电阻的办法是使用实验室万用表（欧姆表）测量。显然，这位同学对于自己设计的实验教案并没有实际动手操作过，一切都还是停留在文案上。万用表确实可以测量物体的电阻，但是，对于铜丝铁丝这样的低电阻，万用表毫无用处。该学生主观地认为万用表可以测量所有物体的电阻，并且没有动手操作过设计的实验，理论臆想，肆意编造了实验结果，进而，堂而皇之地将这个结果写进了教案，搬进讲课中，贻笑大方。

实验创新和实验设计的文案必须建立在实验动手操作上，并且要多次动手操作以完善文案，只有在具体实验动手操作后才会发现哪些地方是需要修改的，哪些地方是需要注意的，哪些地方是需要说明的。

3. 实验是需要科学假设的

科学假设是对实验的一个预设和科学假想。人们对于一些不理解、不清楚、不明白的事情或现象发生时都会问为什么，这是人类的好奇心。比如，在远古，人们对自然现象的不解，又碍于当时的知识水平，人们就假想了一个"神"在天上，操控着万物。对于众多科研人员来说，他们一样有着这样的甚至更强的好奇心。因此，他们会对一些实验现象和实验结果的发生有一套科学理论知识的预设和假想。这些理论知识的预设和假想不是无中生有、凭空而来的，而是根据实验现象和实验结果，在原有的科学学科知识的基础上建立起来的。这些成套的科学预设和科学假想理论要最终成为科学理论体系，还要被不断地验证后，证明是与事实没有悖逆的。然而，很多的科学假设都是会被事实实验所否定的。

牛顿说过这么一句话，"如果说我看得更远一点的话，是因为我站在巨人的肩膀上"。牛顿的很多理论都是在前人的研究基础上提出的一系列科学假设，进而，被事实验证后成为细的理论体系。爱因斯坦的相对论，就是著名的一个科学假设。在爱因斯坦所处的年代，受到当时科技水平的限制，很多科学假想都没办法被验证，因此，到现在为止，爱因斯坦的相对论还在被众多科研人员研究和实验。

科学假设，简单来说起源于人们的好奇心，并以相应的科学理论知识提出一个新体系。对于实验操作，科学假设是必须具备的一个能力。对于中小学生来说，科学假设比较难，但是对于科教教师来说，应该可以引导学生做一些实验假设。

4. 实验是需要论证总结的

很多科学理论体系阐述的是事物间的规律，很难用直观的实验数据、实验现象和实验结果来直接获得，必须要将实验中的实验数据、实验现象和实验结果进行分析、论证和总结才能得出实验的最终结论。实验论证总结是对实验数据、实验现象和实验结果的归纳，论证事物间的规律，总结理论体系。

中小学科学实验主要以验证实验为主，并以定性实验为主，实验现象可以直接得到理论定律，因此，很多实验并不涉及实验论证总结，这也就造成了学生重实验现象、轻实验论证总结。很明显，这一实验习惯一直带到了大学，很多大学生在做实验时非常认真，数据记录也很好，但是，实验报告中的实验论证总结却写得极为马虎。因此，中小学科教教师应当加强实验论证总结在实验教学中的分量，培养学生做好实验论证总结这一良好的实验习惯。

第二节　实　验　室

一、实验室的特性

实验室是操作、验证和研究实验的场所。它会根据所要操作的实验类型和要求不同，相应会有不一样的设置，因此，实验室有其专业性、专属性和专一性。

1. 实验室的专业性

对于学校来说，实验室不同于其他教室，它要承担的是实验教学任务，要满足科教教师对于实验教学的一系列要求。包括实验仪器、实验环境、房间装修配套、实验配套设备、实验安全设施等，这些是其他教室、办公室和房间所没有的。这是实验室的专业性。

2. 实验室的专属性

实验室是专门为实验所设的，实验室内的配套设施都是根据实验所需设置的，因此，实验室有其特殊的专属，不能挪作其他用处。这是实验室的专属性。

3. 实验室的专一性

很多实验对于实验环境有特殊的要求，因此，实验室会根据所需实验的实验环境设置相应的设备，以达到实验的条件。因此，相当一部分实验室的功能比较单一，只能适合某些或者某一实验。这是实验室的专一性。

二、实验室的建设

针对实验室的专业性、专属性和专一性的特性，实验室在建设的时候也会有一些要求。实验室建设包括有：实验房间的建设、实验仪器设备的添置、实验室配套设备的设置以及安全设备增设。

1. 实验房间的建设

20世纪，浙江省大部分村镇中小学的实验室都是比较简陋的，都是由普通的教室放置实验仪器就算是实验室了。随着国家对义务教育的重视，很多学校都得到了相应的资金资助，各个学校相应地对实验室进行升级或者改造，甚至是新建。

因为实验室的专业性，实验室的建设就不同于教室的建设。

首先，实验室房间大小不同于教室房间。教室只要满足正常教学就可以了，一般只要课桌和讲桌。实验室要满足实验教学，对应的学生和教师实验操作台都要大很多。

其次，房间的门不同于教室房间。房门大致分为外推门、内拉门、侧移门与上卷门。外推门的好处就是房门向外开启，不占用房间空间；内拉门的好处就是房门向内开启，房门开启不会影响房间外的空间；侧移门的好处是开门侧移，不占用内外空间；上卷门的好处是开门上卷，不占用内外空间。

传统的教室房门都是用内拉门，中小学学校的教室不同于大学的教室，是固定的，因此中小学学生在校大部分活动范围以教室为主，内拉门的设置极大地降低了教室外走廊的学生撞门的概率。如前面所提到的，原来的实验室都是由教室改成实验室的，因此，很多都是内拉门，然而，这并不适合作为实验室的门。实验室因为其特殊性，发生意外的概率要高于教室，一旦发生意外，实验室前后的门就会挤满学生，如果是内拉门，挤满学生的门就很难被打开，那就很难疏散学生。而上卷门开关不便，也不宜作为实验室的房门。侧移门虽然开门不占用内外空间，但是侧移门在开启时，门内外不能受力，一旦内外受力便很难打开，而且侧移门属于轨道门，出故障的概率要大很多。中小学实验室的使用率并没有教室的使用率高，实验室外走廊走动的学生也比教室外走廊走动的学生少。因此，外推门虽然开门向外会占用外空间，但是，外推门在实验室意外发生是可以无障碍地从内开启，因此，外推门比较适合作为实验室的房门。

再次，门锁的选配。门锁的选择也是实验室建设的一个块重要部分，而且是比较重要的部分。

一般来说，实验室门锁多选择比较简单的锁，跟教室的门锁差不多。还有一些学校，因为实验室有很多仪器设备，动用的是防盗门锁。然而，这些都不适合作为实验室的门锁。原因很简单：锁把太小，开锁复杂。前面提过，实验室一旦发生意外，门口将挤满学生，如果门锁把太小，在众多学生挤压下很难找到锁把；开锁复杂就会使开锁时间长，增加了挤压的二次伤害风险。安全是实验室的第一考虑因素，因此门锁应该选一个锁把大、开启方便的为先，防盗、锁门并重。

最后，开窗位置和窗户选择。当下，大部分公交车或者客运大巴车都将车内的窗户作为应急通道，为了当车子发生意外时，能最快速度地疏散车内乘客。同理，作为实验室，当室内发现意外时，也可以将窗户作为应急通道，尽快疏散室内的学生，因此，一般实验室靠走廊位置的窗户设计成应急通道，如果是在底楼的实验室，可以将所有窗户都设计成应急通道。作为应急通道的窗户不宜开的太高，开启位置也不能太窄，更不能有外置的固定的防盗铁栏杆。如果窗户外装有可开闭的防盗的铁栏杆，那么实验室在使用时，铁栏杆必须是开启状态下，而不是锁住状态下。

2. 实验仪器设备的添置

实验仪器设备是实验室是主体。当下，国内仪器厂家林立，实验仪器型号众多。然而，浙江省的中小学学校采购的实验仪器设备大部分都是由地方教育局统一采购，再由学校选择，因此，可选的型号不多，只能在种类上删选。各学校应该根据本校开设的实验进行选择。

而至于实验仪器设备的数量，一般来说学生实验仪器设备的数量为开设班级最大需求数加上10%的量。也就是说，假设本校实验室能开设 50 套学生实验设备仪器（即学生操作台有 50 位），那么该校采购的学生实验仪器设备数量为 $50 + 50 \times 10\% = 55$ 套。多的 10% 的数量的学生实验仪器设备作为备用学生实验仪器设备，中小学学校的科学实验课程使用率不是很高，但是在使用时会不间断地进行，因此，一旦有学生实验仪器设备出现问题，而维修学生实验设备是需要一定时间的，将直接影响下个班级的正常实验课程的开设。

而对于教学实验仪器设备的数量一般以年级最多班级数的一半以上为好，或者以本校科教教师人数为参考。比如，本校某一个年级的班级数最多，为 6 个班级，那么教学实验仪器设备的数量至少为 3 套。同一年级会使用到相同的教学实验仪器设备，然而，一般排课不会将同一年级的科学课排在同一时间，但是也会不可避免有两三个班级在同一时间。所以，教学实验仪器设备一般以年级最多班级数的一半以上为好。或者，以本校科教教师人数为准，人手一套教学实验仪器设备，因为，课程排布上，不可能同一时间所有科教教师都在上同一个科学课程，需要同一个教学实验仪器设备。

3. 实验室配套设备的设置

实验室配套设备的设置主要指实验室线路、照明、通风、实验台、讲台、柜子以及实验室安全设备。

由于实验室的专一性，对应的实验室配套就会不同。一般中小学的科学实验室根据开设的实验类型不同大致分为：化学实验室、生物实验室、物理实验室以及一些其他实验室或者制作室（如模型制作室、劳技制作室、无线电制作室等）。其中，对于中小学化学和生物实验来说，不会涉及非常专业的实验，以常规性的实验为主，因此，这两类实验室可以通用化学类所有实验和生物类所有实验。对于物理实验来说会涉及物理的力热学、电磁学和光学。中小学物理实验中电磁学部分一般很少涉及市电取电工作的实验仪器设备，因此，力热学和电磁学这两部分实验可以合用一个实验室，光学实验会涉及暗室，因此对房间的照明采光会有特殊要求，当然，如果将其他物理实验室的照明和采光处理得当也可作为光学实验室使用，这样的话物理实验室就可以不用区分使用。其他实验室或者制作室（如模型制作室、劳技制作室、无线电制作室等）可以相互通用。

（1）化学实验室配套设备的设置。

第一，实验台的设置。中小学科学实验中的化学实验以试剂为主，因此，会涉及取水、倒废液、清洗玻璃器皿等，因此，作为化学实验室实验台除了要宽敞外还必须有水槽，至少两个实验台配置一个水槽，因此，对应的需要有水管、下水管。讲台的设置功用大致跟实验台设置差异不大，但是，出于教学角度，要留有宽的空间。

第二，通风设备的设置。化学实验会涉及一些气体或者挥发性试剂实验，除了房间的正常通风设备外，每一个实验台必须配置一个通风口，通风设备装在室外。一般来说，通风口会设置在实验台上或者顶吊下挂通风管。这是化学实验室必须安装的设施（见图2-2-1和图2-2-2）。

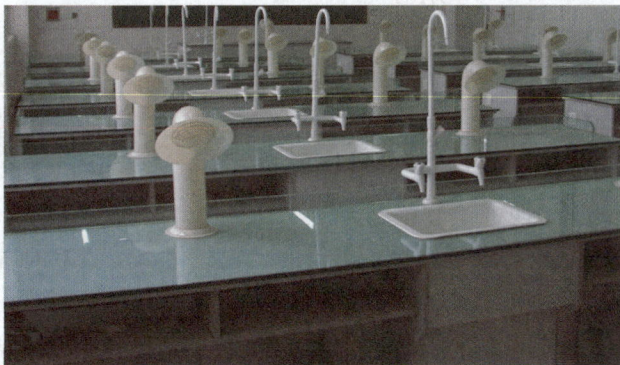

图2-2-1 实验台上设置通风口

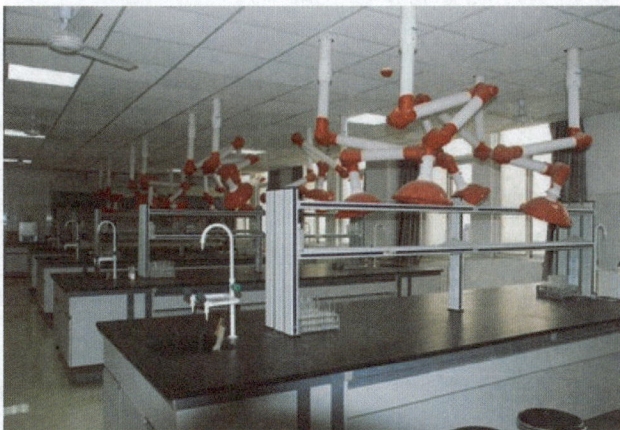

图2-2-2 顶吊式通风口

25

第三，线路的设置。中小学化学实验中基本上不会涉及用市电供电的学生实验仪器设备，所以，线路这块不会出现在学生实验台上。化学实验室的线路主要集中在讲台上，包括插座、投影仪、计算机和照明线路外等，还包括监控和警铃等设备供电电路，线路进线应当安装有漏电保护器的空气开关。

第四，照明的设置。对于中小学化学实验室而言，对照明和采光情况并没有特别的要求，以正常房间的照明和采光方式设置就可以了。

第五，柜子的设置。出于安全考虑，一般化学实验室会配套实验仪器和试剂室，化学实验室内不会存放试剂，为避免学生接触化学试剂。实验室内可以不用放置柜子，也可以在教室后放置柜子，可以用来存放一般的常用的玻璃器皿。

（2）生物实验室配套设备的设置。

第一，实验台的设置。中小学科学实验中的生物实验也会有试剂的使用，并且会有观察动植物的实验，因此，会涉及取水、倒废液、清洗植物等，因此，作为生物实验室实验台跟化学实验台相似，除了要宽敞外还必须有水槽，至少两个实验台配置一个水槽，因此，对应的需要有水管、下水管。讲台的设置跟化学实验室的讲台设置差异不大。

第二，通风设备的设置。生物实验会也涉及一些气体或者挥发性试剂实验，因此在通风设备的设置上可以参考化学实验室的通风设备的设置情况。

第三，线路的设置。中小学生物实验中基本上也不会涉及用市电供电的学生实验仪器设备，所以，线路这块也可以参考化学实验室的线路设置。

第四，照明的设置。对于中小学生物实验室，会用到生物显微镜这样的仪器设备，生物显微镜对采光有一定的要求，因此，除了正常的照明和采光情况外，可以在实验台上增加可控的照明。因为实验台上会用水，因此，增加的照明系统不宜使用市电供电，可以使用电池供电，避免触电事故发生（见图2-2-3）。

第五，柜子的设置。对于中小学生物实验室内柜子的设置，也可以参考化学实验室中柜子的设置。

图 2 - 2 - 3　实验台上设置的照明

（3）物理实验室配套设备的设置。

第一，实验台的设置。物理实验不会涉及化学试剂，因此，实验台不需要水槽，不需要水管，其他可以参考化学实验台。

第二，通风设备的设置。物理实验不会涉及异味和有毒有害实验，因此，除了房间的正常通风设备外，不需要另外设置其他通风设备。

第三，线路的设置。出于安全考虑，中小学的物理电磁学实验都不用市电供电，全部采用干电池供电，所以，在线路上的设置也是可以参考化学实验室的线路设置。

第四，照明的设置。中小学物理实验室除光学外，对于照明和采光情况并没有特别的要求，以正常房间的照明和采光方式设置就可以了。而光学实验，因为需要暗室才能更明显的观察到实验现象，因此对实验室的采光和照明有特殊要求，对于窗户要求进行避光处理。

第五，柜子的设置。物理实验室不会涉及化学试剂，因此，实验室内可以不用放置柜子，也可以在教室后放置柜子，可以用来存放一般的常用的学生实验仪器设备。

（4）其他实验室或者制作室（如模型制作室、劳技制作室等）。

由于制作类实验室不会涉及化学试剂等操作，因此，这类实验室或者制作室可以参考物理实验室的实验室配套设置。如果对于采光和照明有特殊要求可以参考生物实验室的照明设置。

对于无线电制作实验室，由于会经常涉及电子线路的焊接，会使用到电烙铁、松香和焊锡丝，因此，无线电制作实验室在实验室的线路和通风上的设置不同于其他制作室的设置。松香和焊锡丝在焊接过程中会产生异味，因此，通风的设置可以参考化学实验室的设置。电烙铁必须由市电供电才能正常工作，所以实验台上必须要有市电插座，插座预留的插孔不能多，够电烙铁使用就可以。对于实验台的插座控制开关集中在讲台上。如果条件允许的话，可以将线路从地下走线直接进入实验台桌子，市电插座置于实验台台面下并可以锁住，防止学生插拔插座造成意外事故。

4. 实验室安全设备的设置

实验室的安全设备有灭火器、警铃、报警器，如果有条件的还可以安装监控设备。

灭火器，是实验室必备的安全设备，灭火器有泡沫、干粉、卤代烷、二氧化碳和清水。对于中小学学校实验室干一般采用粉灭火器，放置的数量可根据实验室大小参考消防要求决定。一般120平方米，应该放置3个2公斤装的手提式干粉灭火器。

警铃，是作为实验室一个警报装置，为了能在实验室或者实验楼发生意外情况时，给实验室内的教室学生警报，以得到及时疏散。

报警器，作为实验室内一个报警装置，给整栋楼的其他房间的教师和学生警报，通知意外已发生，应及时疏散。一般实验室内装的报警器数量为3个，分别在讲桌、前后门位置。当意外发生时，教师会根据意外发生的情况来判断是否需要启动警铃，疏散楼房其他人员，因此，前后门和讲桌三个位置是教师最容易到达的位置。

监控，可以实时监视和记录实验室与实验仪器和试剂室的情况。实验室难免会有意外事情发生，有监控的话，可以调看意外发生时的情况，可以作为意外责任认定的参考。

三、实验室布置与装修

实验室的布置与装修大致分为实验台台布置、黑板放置、背景设置、墙体装修等。各个学校会根据自身需要布置与装修。

传统实验室的布置比较中规中矩，跟教室的布置和装修很相似：实验台"一"字布置，黑板在讲台处，另外会有投影仪幕布，或者直接用白板作为黑板和投影幕布使用，墙体刷白，实验室外挂科学名人画像。

实验室是作为实验教学的场所，其主要功能是作为学生动手操作实验室的场地。在实验室中，学生动手操作实验为主体，教师讲课为辅，所以，并不需要跟教室的布置和装修一致。因此，有些学校会将实验台背靠背布置，学生可以面对面操作实验，甚至还有讲实验台布置成"口"字形或者六边形等。有些学校甚至为了方便布置实验台，将教室修成六边形等非矩形的形状。

而对于实验室的装修，通常来说，以简洁为主，避免装修时成本太高，不过墙上可以放置一些与科学实验相关的图文作为装饰。

四、实验室的管理

中小学实验室的管理由专职的教辅人员管理，也有科教教师兼顾的，这是由各学校人员配置决定的。实验室的管理工作包括有：实验仪器设备的管理、实验室使用管理、实验室安全设备的维护、实验室配套设施维护以及耗材和实验工具的管理。

1. 实验仪器设备的管理

实验仪器设备包括学生实验仪器设备，演示仪器设备，维修维护类仪器设备。实验仪器设备的管理包括对实验仪器设备的增补、登记、维修维护和报废。

（1）实验仪器设备的增补。

根据本校具体的教学需要和仪器设备的更新替换，每个学校都会对本校的实验仪器设备做一些增补。基本上这项任务可以由专职实验教师或者科教教师独立或者协同完成。为避免影响正常实验教学，一般实验仪器设备增补申请会提早一学期完成。

实验仪器设备的增补分为三块：增、补、换。增，是指本校原来就一直没有的实验仪器设备。增添实验仪器设备的申请不一定会被批准，这类申请必须要充分说明增添的实验仪器设备的必要性，以及论证增添的实验仪器设备对于教学的影响。补，是指本校原有的实验仪器设备由于种种原因数量不足而需要增补同型号的实验仪器设备的数量。这类申请相对来说不会太难，但是在申请中必须写清楚造成实验仪器设备数量不足的原因。换，是指本校的原有实验仪器设备，因为功能、型号、或者年限等原因，无法满足现阶段的实验教学要求，需要更换。这类申请相对来说也不是那么容易被批准，同样地，这类申请必须充分说明原来的实验仪器设备的和新的实验仪器设备的不同，以及对教学的影响。

（2）实验仪器设备的登记。

实验仪器设备的登记，是管理实验仪器设备的基本要求。主要包括对实验仪器设备信息的登记、对实验仪器设备进行编号、对实验仪器设备的归类与存放，以及对实验仪器设备的清查。

对实验仪器设备信息的登记，主要是在实验仪器设备新购置时完成。主要是对实验仪器设备的型号、购置时间、数量、单价、存放地点进行登记，还有一些其他项目的登记，比如，实验仪器设备的状态、备注说明等，这些是根据实验仪器设备在使用时出现的状态进行登记的。对实验仪器设备信息的登记，方便校领导能很好地掌握本校的实验资产设备的情况，方便科教教师根据现有的实验仪器设备开设相应实验教学课程，也方便实验教师掌握实验仪器设备的情况。

对实验仪器设备进行编号，这是在本校接手实验仪器设备就应该完成的事情。一般购置的实验仪器设备不会是单件的，因此，有必要对其各个编号，方便科教教师和实验教师及时掌握各实验仪器设备的情况。比如，购置了 50 个打点计时器，在使用过程中，发现有一个出现状态不工作，如果没有编号，在整理实验室不小心将这台出问题的实验仪器设备跟其他没出问题的仪器设备摆放一起，那就会加大实验教师和科教教师的工作量。因此，很有必要对各实验仪器设备进行编号，以完善实验仪器设备的管理工作。

对实验仪器设备的归类与存放，为了方便对实验仪器设备的清查和寻找，必须对实验仪器设备进行归类并存放，并记录好存放地点。一般按照实验仪器设备的归属分门别类，而存放地点为仪器室、实验室和办公室。使用完实验仪器设备后，必须按照记录的存放地点重新放回。

对实验仪器设备的清查，这是一项重要的实验仪器设备的登记工作。实验仪器设备的清查，是根据实验仪器设备登记的情况对照实物进行核对，一旦出现不符情况要及时更正，并备注原因。实验仪器设备在使用中难免会出现破损毁坏、存放地点变动、遗失被盗、借用未还等情况，对实验仪器设备的清查，一个可以及时更新实验仪器设备登记的情况，另外一个可以及时掌握实验仪器设备的去向，避免学校资产的流失。一般实验仪器设备的清查半学期或者一学期一次，及时更新实验仪器设备的记录信息，对必要的更新要注明事由，最好能有一份详细的记录并由校领导签字确认，以备校领导或者教育局核查学校资产。

（3）实验仪器设备的维修维护。

实验仪器设备在使用时，难免会有损坏或者功能失常的情况发生。这就涉及实验仪器设备的维修维护。

对于实验仪器设备的维修而言，实验教师和科教教师可以应对一些实验仪器设备简单毛病的修理，对于复杂、专业的实验仪器设备维修必须要联系厂家，由厂家负责维修。对于这样的维修会涉及维修费用，管理人员必须要上报学校领导，由校领导决定是否需要维修。

对于一些特殊的实验仪器设备要采取必要的维护。比如，一些实验仪器设备需要干电池供电工作，因此，有必要对这些实验仪器设备进行相应的维护，检查干电池的电量，实验仪器设备长久不用要取出干电池；南方空气潮湿，对一些铁制实验仪器设备要做防锈处理；还有对一些实验仪器设备做防尘处理；等等。

（4）实验仪器设备的报废。

实验仪器设备损坏无法维修，或者无法满足现阶段教学任务需要，或者到了实验仪器设备的使用年限，那么，该实验仪器设备就可以办理报废申请。

报废申请中必须填写报废实验仪器设备的登记信息，以及报废原因，报废数量。报废申请需要实验管理人员留存一份，报废的实验仪器设备应当集中存放，由学校统一处理，任何教师不能肆意处理报废的实验仪器设备。

2. 实验室使用管理

实验室使用管理包括实验室的排课，实验室使用登记，实验室的开放使用管理。

实验室的排课是针对教学任务和课程安排对全校各班级使用实验室的一个统筹安排和规划，避免造成实验室在教学安排使用上的冲突。

实验室使用登记是记录实验室的使用情况，使用实验室教师、班级、实验名称、学生人数等信息。这是为了方便统计实验室使用情况和实验室开设实验情况，方便统计信息，以作为学校申请添置实验仪器设备的佐证信息。

实验室的开放使用管理，是指实验室作为课外活动实验室使用的管理事项。中小学科学课程会涉及学生的一些课外活动实验，比如学科竞赛、四模竞赛、小发明以及科学兴趣活动等。这些活动都可能涉及实验室和实验仪器设备的使用，因此，在这方面也是需要管理的。首先，使用校内实验室或者实验仪器设备必须跟学校领导申请，只有在批准后才能使用时，不能肆意使用；其次，使用校内实验室，负责教师不能让学生独自待在实验室，必须要有至少一位教师在实验室内负责指导和保证学生的实验安全；再次，使用校内实验室，必须登记好实验室的使用登记情况。最后，在使用校内实验室，教师和学生都必须遵守学校的实验室使用规章制度，不能肆意破坏和违背学校的实验室使用规章制度。

3. 实验室安全设备的维护

对于实验室的安全设备的维护是实验与实验室安全的一个重要工作。

对于灭火器的维护，主要是有两项内容：一是核对实验室内的灭火器是否缺失，二是查看灭火器有无到期。很多中小学学校的灭火器都存在数量不足，或者灭火器早已过了有效期。这难免造成灭火器变成摆设，不能在关键时刻起作用。

对于报警器、警铃和监控器的维护，这些比较专业，需要联系厂家或者专业人员进行维护，实验室管理平时需要关注这些设备的工作状况一旦出现问题，应该及时报修，以确保这些设备正常工作。

4. 实验室配套设施维护

实验室的配套设施的维护一般有实验室管理人员或者科教教师

检查，检查配套设施有无问题，一旦出现问题要及时上报相应的部门维修。配套设施的维修一般有专业的人员处理，比如水电线路等。

5. 实验耗材和实验工具的管理

实验耗材和实验工具都属于易耗品，对于这些东西的管理基本上要做到：审批采购，进出有账，丢失损坏有据。

审批采购，实验耗材和实验工具的购置必须要申请，不能教师随意购置，必须要将购置东西的种类、数量、价格和用途写清楚明白，报预算给领导审批，批准后再购置。

进出有账，采购和登记的分别为两位教师，这样方便日后查账。领用实验耗材和实验工具必须要登记，实验工具要归还，实验耗材属于实验消耗品，不需要归还。

丢失损坏有据，一些实验工具借用后，会出现丢失或者损坏的情况，根据学校要求，作出相应的处理，如照价赔偿、按照多少折赔偿等，但是，必须要由借用人写明实验工具出现丢失或者损坏的原因，以备日后检查实验工具时，作为核查用。

第三节　实验与实验室安全

一、校园安全和实验与实验室安全

安全，就像一个"紧箍咒"，约束和警惕着各行各业的生产和活动。一旦出现意外，轻者财产损失，重者人身伤害甚至死亡。而校园安全与每个师生、家长和社会有着切身的关系。从广义上讲，校园事故是指教师和学生在校期间，由于某种偶然突发的因素而导致的人为伤害事件。

实验与实验室安全是校园安全的重要组成部分。由实验或者跟实验室相关发生的意外往往比其他事件发生的意外危险更大、伤害更大，更容易造成人身危害。因此，不仅是在中小学学校，即便是在大学，实验与实验室安全依然是作为校园安全的重中之重来对待，不可马虎对待。

实验与实验室意外的发生，往往跟学校和教师的麻痹大意分不开。中小学科学实验虽然是定性实验，是操作比较简单的实验，然而并不意味着这些实验都是绝对安全的，实验的偶然性注定了实验的危险性，一些实验，正是由于教师的麻痹大意，造成了不可预测的后果。

大气压的马德堡半球实验是科学课程中很经典的一个实验，现在教学实验仪器设备中就有这么一个实验仪器设备——马德堡半球。北京的一所初中，一位教师在课堂教学中用马德堡半球验证大气压的存在，请了班上两位力气最大的学生来拉这个实验仪器，最后，由于两位学生用力过猛，将把手的连接部位拉脱，造成一位学生脑震荡，另外一位学生右手脱臼，事后调查发现是仪器连接的部位螺丝已经有问题，教师在请学生参与这个实验时，并没有做好安全措施，这位教师负主要责任。

由此可见，实验与实验室的意外跟实验的难易程度无关，跟学校和教师的重视程度有关。

二、实验与实验室意外

实验与实验室发生的意外有：爆炸、中毒、着火、触电、割伤、烧伤。

1. 爆炸

由实验仪器设备引起的爆炸、电器爆炸、化学试剂爆炸、气体性爆炸。这类意外发生时间极短，人身危害极大，一旦发生基本上很难制止。

2. 中毒

有急性中毒和慢性中毒。急性中毒，是人接触剧毒物体或者吸入剧毒气体，对于中小学科学实验而言，一般不会让学生接触这类物质的实验，但是也不排除由于实验室着火燃烧实验室内的材料产生的一些毒害气体引起的急性中毒。慢性中毒，是指一些无毒无害或者是轻微有害气体或者物质被人体长期接触吸入，或者大量接触吸入引起的人体不适和损伤。急性中毒损伤一般要比慢性损伤大，也比慢性中毒制止难度大。

3. 着火

有爆炸引起的着火，明火引起的着火，线路短路引起的着火，化学试剂引起的着火等。着火原因不同，引起的伤害也会不同。有些着火，如明火引起的，处理得当可以避免人身财产伤害。当然，如果处理不当，那么危害也是很大的，着火后会引起爆炸、气体中毒、烧伤、触电、烟雾窒息等连带意外发生，伤害极大。因此，在处理着火意外事故时，应当及时有效地处置。

4. 触电

由于人体直接接触市电，或者接触到实验室内高压静电设备电源引起的意外。中小学科学实验室中，虽然很多实验仪器设备使用了干电池来工作，但是还有一部分实验仪器是必须使用市电供电的，所以，触电也会在中小学实验室中发生的意外。这类意外如果在短时间内发现，并能及时处置，对人身伤害有限，如果处置不当不及时，也会引起人员伤亡。

5. 割伤

由利器造成的人体伤害。这个意外看似很小，其实不然。实验室的东西尤其是化学或者生物实验室的器材造成的割伤，它不能作为简单割伤处理，因为这些利器都含有大量的细菌。而有些割伤也比较威胁，比如爆炸造成的碎片割伤，碎片会随机的割伤或者嵌进人体，这些割伤或者嵌进的碎片有些会伤到或者挨近人体动脉，十分危险。因此，对于实验与实验室的割伤不能马虎对待。

6. 烧伤

烧伤，有明火或者化学试剂造成的人体伤害。明火烧伤一般都会很注意，对于化学试剂的烧伤有时就往往被忽视了。中小学科学实验室中，化学试剂造成的烧伤一般常见于强酸强碱的实验，造成伤害的原因，较多地是操作不当，使化学试剂外漏或者飞溅。这类烧伤跟明火烧伤的处理会有所区别。

三、实验与实验室意外的预防安全措施

对于学校，不管是中小学还是大学，实验与实验室安全以预防为主。由于实验与实验室意外事故的危害性和不可控性，学校在实验与实验室安全上着重在预防意外的发生上。因此，各学校都设有的实验室规则制度和学生实验守则。虽然，每一个学校的实验与实验室规章制度都有所不同。但是，有十点是肯定必定有的：两个尽量，三个严禁，五个必须。

1. 严禁实验室内带入或者吃喝食物

首先，实验室必须要保持干净，实验室内带入或者吃喝食物，会使实验室招惹虫鼠，实验室有很多实验仪器设备和较多的线路，一旦有虫鼠会给实验室造成安全隐患和实验仪器设备的损失。

其次，实验室内带入或者吃喝食物，有可能会发生中毒事故。尤其是作为化学和生物的实验室，会涉及挥发气体，或者试剂，或者粉末，将食物带入实验室会使食物会接触这些化学试剂，造成中毒事故。实验室中做的实验，会产生气体，而一些气体会跟学生嘴中的食物发生化学反应，造成中毒事故。20世纪90年代，上海一所高中就发生过这样的中毒事故。一个班级在实验室做化学实验，突然，一位学生倒地。事后发现这名学生在实验室内嚼口香糖，而当时在做的实验产生的气体正好跟口香糖产生化学作用，造成该学生中毒昏厥。因此，为了避免这样的中毒事故发生，严禁实验室内带入或者吃喝食物。

2. 严禁实验室内嬉戏、打闹和追逐

中小学学生玩性还比较重，学生还是比较喜欢嬉戏、打闹和追逐，这是孩子的天性。然而，实验室不同于教室，在实验室内做实

验，实验台上会摆设了本次实验所需的实验仪器设备、有些玻璃器皿，甚至还装有试剂的。因此，学生在实验室内嬉戏、打闹和追逐很容易撞到实验台或者实验台上的实验仪器设备和玻璃器皿，这不仅会实验仪器设备和玻璃器皿受到毁坏，还会使其他学生会被掉落的实验仪器设备和玻璃器皿碎片和零件造成人身伤害。所以，为了避免这些意外发生，实验室内严禁嬉戏、打闹和追逐，不管是否是在课上还是课下。

3. 严禁戴隐形眼镜做化学类实验

数据显示，我国人口近视发生率为33%，全国近视眼人数已近4亿，而近视高发群体——青少年近视发病率则高达50% ~ 60%，因此，很多近视学生会有戴隐形眼镜的习惯，佩戴隐形眼镜虽然对于学生来说有很多便利之处，但是这也成为实验室的一个安全隐患。

化学类实验会涉及很多气体实验和加热实验。众所周知，佩戴隐形眼镜是不能靠近热源的，不然会使隐形眼镜变形或者融化损伤眼睛。可以经常看到这样的新闻报道，佩戴隐形眼镜去烧烤致盲。一些化学实验气体会和隐形眼镜产生反应，损伤眼睛。还有一些化学实验发生意外，试剂飞溅到眼睛，本来用清水清洗眼睛就可以了，但是，佩戴隐形眼镜的话，可能试剂跟隐形眼镜发生反应，损伤到眼睛。所以，做化学类实验严禁戴隐形眼镜。

4. 购置学生仪器设备尽量或者不用市电供电的实验仪器设备

为了避免实验室触电事故的意外发生，在建设实验室里线路的布置时，就会避免市电插座的预留，所以，在选择购置学生仪器设备就应该尽量或者不用市电供电的实验仪器设备。这也是为什么市面上中小学实验仪器设备供电大多数都是干电池供电的原因之一。

5. 实验室建设时市电插座尽量少留，对市电插座须要独立的控制开关

实验室不同于教室留的市电插座比教室要多，但是，预留的

37

市电插座应该集中在讲台上，实验台不能预留过多的市电插座，预留市电插座太多，容易造成不必要触电意外。比如，实验仪器设备配件掉进插座内，或者实验工具掉进插座内引起的触电意外。

对市电插座须要独立的控制开关，控制开关集中在讲台上，由教师掌控插座通电与否，在不用市电时，不开启市电插座电源；在使用市电插座电源时，教师也能掌控通断电，可以降低触电事故发生的可能性。

6. 实验室建设必须有实验室电源漏电控制开关

漏电控制开关是作为漏电保护作用的开关，是在发生漏电事故时，能自动关闭总闸电源的设备。这是最后一套防触电的设置，是实验室必须要有的设备。

在实验室内，触电事故发生有这么几种情况：一个是实验线路出现问题，发生漏电；另一个是实验仪器设备出现问题，导致的漏电事故；还有就是人为地触碰市电造成的漏电触电事故。而对于漏电保护开关来说，正常情况下只要发生漏电就能断开总闸电源，防止漏电的情况持续下去。所以，漏电保护开关是实验室必须装的一个安全设备。

7. 必须给学生配置一定的个人防护

对于中小学科学实验而言，学生需要佩戴的实验个人防护有：护目镜、塑胶手套和实验服。

护目镜（见图 2 - 3 - 1），保护眼睛的个人防护。眼睛是人体最脆弱的部位，它的损伤往往是不可逆的，轻者视力下降，重者失明致盲，因此这个个人防护还是很有必要的。至于护目镜的选择，市面上有很多款式，一般如果学校

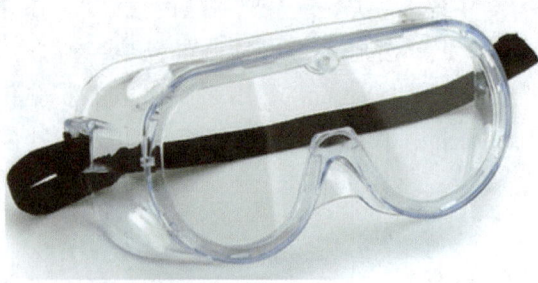

图 2 - 3 - 1 护目镜

是要求学生自备的话，应该建议是全护型的，不要选择半护或者镜片式的，全护式的可以全方位防止外物伤害到眼睛。如果是学校统一配置，必须是可以佩戴眼镜的全护式护目镜，因为实验操作是不允许佩戴隐形眼镜操作的。只要学生进入实验室就必须要求学生佩戴护目镜。

塑胶手套（见图 2-3-2），保护人体手部，防止化学品直接跟人体皮肤接触。塑胶手套属于一次手套，可以由学校统一配置，作为实验室的耗材进行管理和采购。因为塑胶手套是防止化学品直接跟人体皮肤接触，所以在化学和生物实验时，必须佩戴，

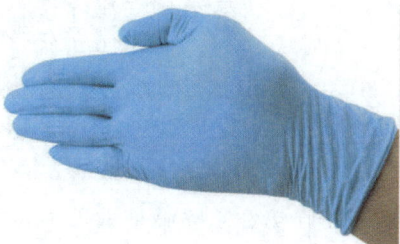

图 2-3-2 塑胶手套

其他实验可以选择性佩戴。

实验服（见图 2-3-3），保护人体和衣物，防止人体直接接触化学试剂。实验服都是长袖的，在夏天做实验时，学生穿着短袖，手臂有可能会接触到化学试剂，另外，防护服穿着在外面，可以避免衣服直接跟化学试剂或者实验仪器设备直接接触，保护人体和衣着。学生进入实验室就必须穿着实验服。

口罩（医用口罩）（见图 2-3-4），防止人体吸入粉尘或者颗粒物，避免对师生的呼吸系统造成刺激或者损伤，另外在做生物实验时，可以避免实验体携带的病菌对师生造成的呼吸道感染。

图 2-3-3 实验服

图 2 - 3 - 4　口罩

护目镜和实验服是学生进入实验室必须佩戴和穿着的，塑胶手套和口罩是选择性佩戴，这些个人防护是最基础的、最有效、最直接的安全预防措施。虽然，在使用上会比较麻烦，但是与安全相比这些麻烦都是微不足道。

8. 实验室内必须有相关消防安全设备

实验室的消防安全设备一般是干粉灭火器，根据实验室大小配置的干粉灭火器的型号和数量。并且要确保这些干粉灭火器是有效、可使用的，不能作为摆设应付检查。这些都是根据消防安全规定配置的。从严格意义上来说，消防队消防局会不定期地抽查这些设施。

9. 化学、生物类实验室必须要有完善的通风功能

化学、生物实验室必须要有完善的通风功能，这在第二篇第二章第二节实验室的建设中已经提及，可以参考。

10. 对每个实验必须做危险评估以防意外发生

对实验做危险评估是科教教师备课的一个重要内容。因为实验的偶然性，每个实验都存在着一定的突发因素，而这个突发因素往往是造成实验意外的原因。实验的危险评估就是尽量避免这种突发因素，从而避免实验意外发生。

如前面提到的北京一学校做的马德堡半球实验，正是因为教师对实验危险评估不足才导致了这个意外发生。如果教师对实验危险

评估到位，在两位同学拉马德堡半球时，做好预防措施：在两位同学后面分别有另外的同学顶住他们的脚，在背后做保护状；或者，在他们拉了一会儿不能拉时，立刻制止。那么这样的意外就不会发生了。

因此，实验的危险评估是教师演示实验和实验教学必须要做的事情，是备课的一部分。

四、事后措施

实验和实验室的意外只能预防其发生，却不能完全阻止其发生。意外发生以后，总的措施要求是：救人为先，灭灾为后；掌控秩序，降低危害。大致有这么三点参考：

1. 维持秩序，有效快速的疏散学生

很多实验和实验室意外发生后，会引起学生们的恐慌和拥挤，这样很容易造成二次事故——踩踏事故；因此，意外发生后，教师绝对不能乱，更不能抛下学生不顾，必须要维持好秩序，有效快速地疏散学生，避免学生们因恐慌造成踩踏事故发生。

2. 通知专业人士紧急到场

科教教师不是万能的教职人员，未必有能力处理发生意外的现场。在疏散完学生后，科教教师要量力而行，不能再贸然回到意外现场，应当通知专业人士（如消防人员）到现场处理，避免教职人员的不必要伤亡。如果有学生受伤还要通知专业的医护人员到学校处理。

3. 对受伤学生进行紧急处理，等待专业人士的后续处理

在意外中受伤的学生，教师或者教师通知的校医到现场作紧急处理，等待专业的医护人员做后续处理。比如，一些学生被割伤，那么前期的紧急处理就应该先止血；如果有学生窒息或者心脏骤停，就应该做人工呼吸和胸外心脏按摩法，为专业的医护人员或者急救车的到来争取时间。

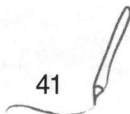

4. 采取力所能及的措施，防止灾害扩大

对于一些意外如重大火灾、爆炸等重大危害的意外，不要贸然滞留现场，应该将实验室或者整幢楼断水断电，防止灾害扩大。对于一些气体性中毒意外，疏散完人员后，应该将房门重新关上防止气体外泄。

5. 在不影响救人灭灾的前提下，尽量不要破坏现场

意外发生后，总是要查明意外发生原因，所以在不影响救人和灭灾的前提下，尽量不要去破坏现场，以便日后调查事故原因。

第三篇　实验仪器设备

第三章

中小学科学实验仪器设备

中小学科学实验仪器主要分为演示实验仪器设备和学生实验仪器设备。

第一节　演示实验仪器设备的概述

一、演示实验仪器设备的概念

演示实验仪器设备，顾名思义，就是作为演示实验的特殊实验仪器设备。它最大的作用是演示实验，辅助课堂教学和实验教学需求。

演示实验仪器设备在中小学科学教学中起到非常重要的作用。中小学的科学理论都是被具体定义的，字面概述很抽象不好理解，而演示实验仪器设备就是展示事实实验现象和实验结果来论证和具体化（实体化）这些被具体定义的科学理论知识，使学生更容易理解这些知识，了解日常生活中的科学知识。

二、演示实验仪器设备的特性

演示实验仪器设备的特性决定了实验仪器设备能否成为演示实验仪器设备。并不是所有的实验仪器设备都可以作为演示实验仪器设备。

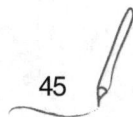

成为演示实验仪器设备大致需要满足这三点：①示范性；②典型性；③直观性。

1. 示范性

演示实验仪器设备最大的功能不是研究性的探讨，而是演示性的探讨和展示。换句话说，演示实验仪器设备研究的实验现象和实验结果是已经被认证的科学实验和科学理论体系，它所要完成的是能更好地传递和展示这些科学实验和科学理论体系。

2. 典型性

演示实验仪器设备所要演示的实验是为了能更好地、更直观地、更有效地阐述科学理论体系。因此，演示实验仪器设备所要演示的实验必须要典型，不能含糊不清、模棱两可，这样容易引起误导，使演示实验丧失了演示的本义。

3. 直观性

演示实验仪器设备一般是以定性实验为主，定性实验比较直观，实验现象和实验结果明了，比较符合演示实验仪器设备演示实验的目的。当然，有些定量实验的实验仪器设备也可以作为演示实验仪器设备，但是，同样是满足直观性的要求，一般以对比性的定量实验作为参考比照。

实验仪器设备不是以实验仪器设备的价格、体积、功能、工艺、复杂程度来作为演示实验仪器设备的判断依据，而是以能否满足演示实验仪器设备的特性来作为判断依据，只要满足演示实验仪器设备的特性，即便是一根头发丝都可以作为演示实验的主体。

三、演示实验仪器设备的分类

演示实验仪器设备按照功能分为两类：一类为教学演示实验仪器设备，这类实验仪器设备是作为课堂教学需要演示操作的实验仪器设备，它的作用就是辅助理论教学，使抽象的理论概念具体化。

另外一类为实验演示实验仪器设备，这类实验仪器设备是作为实验教学需要演示操作的实验仪器设备，它的作用就是更好地展示给学生看如何具体化仪器操作。

第二节　教学演示实验仪器设备概述

一、教学演示实验仪器设备的概念

教学演示实验仪器设备是演示实验仪器设备的主要组成部分。大多数演示实验仪器设备都是作为教学演示实验仪器设备使用。

教学演示实验仪器设备是辅助理论教学所使用的，使抽象的理论概念具体化，是教师在理论课程教学上使用的实验仪器设备。

二、教学演示实验仪器设备的目的

使用教学演示实验仪器设备的目的是为了更直观地、更具体地、更现实化地将科学理论、实验现象和实验结果呈现在课堂教学中，帮助和启发学生对相关科学理论、实验现象和实验结果进行理解和思考。

比如，大气压的课程讲解。虽然，教科书上对大气压做了详细的解说和介绍，甚至还有案例的文字介绍，但是还是会有一部分学生无法理解大气压力的存在，因为，对于他们来说，实际上他们周边是感觉不到大气压力的存在的，教科书的文字描述仅仅只是文字描述。因此，教师有必要在课堂教学中引入演示实验，用事实来证明大气压力是真的存在、而且是完全呼应教科书中提及的概念的，那么教学演示实验仪器设备就会在课堂教学中被使用。

三、使用教学演示实验仪器设备的基本要求

使用教学演示实验仪器设备的基本要求有两点：

1. 实验现象和实验结果明显直观

教学演示实验仪器设备是为了在课堂中辅助理论教学而被使用的，它只是辅助理论教学，不是理论教学主体，课堂上不会有过多的时间给它展示，也不会有过多的时间来讨论它的实验现象和实验结果，因此，必须使演示的实验现象和实验结果明显直观。

2. 符合相关科学理论概念

教学演示实验仪器设备所演示的实验现象和实验结果是要符合本次课堂教学的相关科学理论概念，或者能印证本次课堂教学的相关科学理论，绝对不能含糊不清、模棱两可，这样容易引起误导，使学生对相关科学理论产生误解。

因此，在选择使用教学演示实验仪器设备，必须谨慎，绝对不能出现背道而驰的情况发生。

四、教学演示实验仪器设备的设计方法

教学演示实验仪器设备的设计方法大致有四种：①放大法；②以主盖次法；③偷换概念法；④定义法。

1. 放大法

将一些实验工具、实验现象或者实验结果进行选择性的放大，简单来说放大法就是一个"放大镜"的效果。

根据放大法放大的对象不同，可分为实验仪器（工具）放大法、实验现象放大法与实验仪器功用放大法。

（1）实验仪器（工具）放大法，顾名思义，就是将一般正常比例的实验仪器或者工具在不影响功能的情况下等比例进行放大。

如图 3－2－1 所示，这是一款比较实用的磁吸式中学电磁学教学演示实验仪器设备，而它的设计正是基于实验仪器（工具）放大法的方法，尤其是电压表和电流表与一般电压表和电流表相比，从体积上来看放大了很多，档位标识、刻盘与读数以及指针都明显放

大了很多。这样一套实验仪器（工具）放大法的教学演示实验仪器设备在课堂教学中使用，可以使所有学生都能观看到实验现象和实验结果。

图3-2-1　磁吸式中学电磁学教学演示实验仪器设备

但是，值得注意的是，虽然对电压表和电流表进行了放大，但是并未造成电压表和电流表功能功用的改动，它们依然是可以测量到相应的参数，所以，实验仪器（工具）放大法是不应该对实验仪器（工具）造成影响的。

（2）实验现象放大法，简单来说就是使用教学演示实验仪器设备所展现出来的实验现象要比操作一般实验仪器设备所展现出来的实验现象更清楚、更易观察，或者是更容易被大多人所观察到。

图3-2-2为上海实博生产的 RGB-1 三原色实验仪器，图3-2-3为宁波凯迪生产的 25013 三原色实验仪器，两者都是三原色实验仪器设备，所不同的是前者为教学演示实验仪器设备，后者为学生实验仪器设备，从实验现象来说是一样的，都是用来实现红、绿、蓝三色叠加效果，但是又有所区别。

RGB-1 三原色实验仪器为教学演示实验仪器设备，它所展现出来的三原色叠加效果是要被整个教室的学生观察到，因此，它被设计光源投影技术，体积较大（投影仪大小），并且使用的是投影仪的光源，三个光源都是使用几十瓦甚至是上百瓦的投影灯泡，展现出来

图 3 - 2 - 2 三原色教学演示实验仪器设备

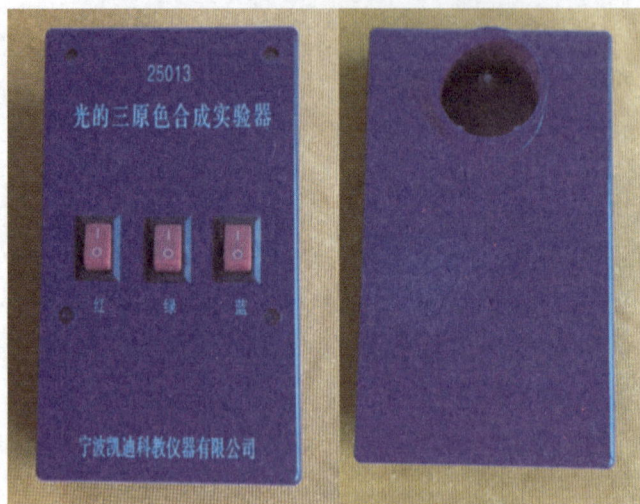

图 3 - 2 - 3 三原色学生实验仪器设备

的三原色效果可以根据需要调节投影光源的大小；而 25013 三原色实验仪器为学生实验仪器设备，它所展现出来的三原色叠加效果只需要被学生个人操作者观察到，所以，它使用的三原色光源是功率半瓦都不到的 LED 灯，体积较小（手持）。可以从中发现，虽然都属于三原色实验仪器设备，但是作为教学演示实验仪器设备，展现的实验现象必须能被整个教室的学生观察到，因此会对一般的实验仪器设备进行改进设计，使它所展现出来的实验现象放大增强，更容易被大多数人观察到。

（3）实验仪器功用放大法，是指将教学演示实验仪器设备在功用上进行提升，使它与学生实验仪器设备进行区分，在功用功效要高于学生实验仪器设备。

以前面提到的三原色实验仪器设备为例。25013 三原色实验仪器操作简单，设有三原色光源的独立开关，需要哪个光源对应地打开开关即可，25013 三原色实验仪器是作为学生实验仪器使用，学生实验中，对于三原色的实验操作只需要认识三原色叠加产生的效果即可；而 RGB－1 三原色实验仪器除了设有仪器总开关外和三原色光源的独立开关外，从图 3－2－2 中可以看到三原色光源的独立开关下方还有相应的旋钮，这个旋钮是用来调节独立光源的强弱的，三原色的独立光源强弱不同会使叠加的颜色不同，RGB－1 三原色实验仪器作为教学演示实验仪器，因此，增加了此功能，可以作为教师在课堂教学一个引申教学和思考，使学生能更好地掌握科学理论知识。

2. 以主盖次

对一些复杂的实验现象进行选择，对需要的现象详细进行表达展示。因此，对教学实验仪器设备会选择性地以主体展现，而回避次要现象。

事物之间的发生是相互作用的结果，没有独立存在的。因此，在教师演示实验时会相应的有其他实验现象或者实验效果夹杂在其中，为了凸显课堂教学的需要，教师会在讲解中有意忽略掉其他实验现象或者实验效果，因此，教师在使用实验仪器设备时，会偏向于更加凸显主要实验现象的实验仪器设备。

如图 3-2-4 所示，这是一个简易的教学演示实验仪器，具体操作如下：将水倒入大试管，再将小试管塞进大试管内，如图 3-2-4 (B) 所示，然后倒置，如图 3-2-4 (C) 所示，两试管间充满水，由于水的表面张力的作用，空气无法进入两试管间的空隙，当大气压对小试管的作用力小于小试管和两试管间的水的重力时，小试管会滑落；当大气压对小试管的作用力与小试管和两试管间的水的重力平衡时，小试管不会滑落；当大气压的对小试管的作用力大于试管和两试管间的水的重力时，小试管会被大气压上推，直到小试管到达大试管底部，见图 3-2-4 (D) 和 (E)。整个实验操作中表现出来的具体现象是小试管受到大气压的作用上升，然而，正是由于水的张力作用才能达到这样的现象。但是，由于小试管上升这样的现象明显，因此，这样的实验现象通常是作为证明大气压存在的实验引入教学中，而对于水的张力的实验现象只有在深究后才能得出这个结果，因此，在使用这个教学演示实验仪器时，以大气压现象的"主"，来盖住水的张力现象的"次"。

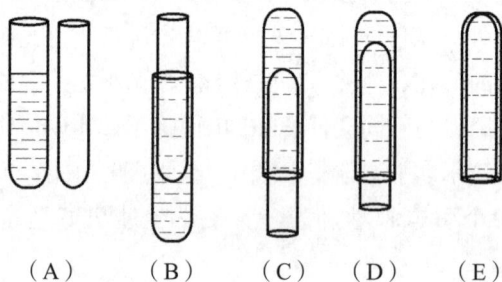

（A）　（B）　（C）　（D）　（E）

图 3-2-4　简易教学演示实验仪器——大气压试管实验

对于这个实验的详细操作，可以参考第十章案例四。

3. 偷换概念

为对一些比较难以表现的实验现象进行处理，以比较形象的手法表现与理论相一致的实验现象。

对于大学物理实验中静电场描绘的实验，相信很多人都不陌生。静电场描绘的实验，绝大多数高校采用的都是模拟法。静电场是存在的，但是恒定的或者相对恒定的静电场却是很难存在的。静电荷之间存在静电场，会产生的静电力作用，使静电荷产生移动，然而，静电荷一旦发生移动，原先的静电场就发生了改变。因此，要对实际的静电场进行描绘，几乎是很难实现的。所以，采用的是与静电场相似的直流恒压水电路来代替静电场：以直流稳压的电极作为静电荷，以电极间的水作为模拟空间来实现静电场的效果。

模拟法就是一种偷换概念。这也是作为课堂教学使用教学演示仪器设备所必须的一种。

4. 定义法

制作相关演示设备仪器，仿真一些难以在通常情况下的实验现象或者不易说明演示设备仪器原理（由于当下学生的认识水平限制，无法理解教师讲解的原理），以定义的形式来解释说明该仪器使用的实验现象。

在摩擦起电的实验中，为了证明摩擦会产生静电，一般使用箔片验电器来验证，如图 3 - 2 - 5 所示。通常情况下，教师会解释箔片验电器的原理：同种电荷相斥，所以，当验电器有电荷通过时，下端的两个箔片因为带同一电荷，相互排斥，一个箔片就会张开，电荷量越大，排斥力就越大，张开的角度就越大。但是，摩擦产生的静电有正负之分，在实验中用丝绸摩擦过的玻璃棒带正电荷，用毛皮摩擦过的橡胶棒带负电荷，这时箔片验电器已经无法区分了，箔片验电器只能验证它们都带有电荷，并且是两种相反性质的电荷（将一者先接触箔片验电器，箔片张开，然后用另外一个迅速再接触箔片验电器，箔片合拢），但是却无法区分谁带正电荷、谁带负电荷。

图 3 - 2 - 6 是由宁波凯迪生产的 2320 正负电荷检验器。使用起来比较简单：将仪器开关打开，将带电荷物体接触上端探测端（凸起小天线），如果带正电，红灯亮；如果带负电，绿灯亮；如果不带电，红绿灯都不亮。在课堂教学上对于箔片验电器讲解原理比较简

图 3 - 2 - 5　箔片验电器

单, 学生也能理解接受, 但是对于正负电荷检验器而言, 本身它的结构就比较复杂, 牵涉的原理就不是三言两语能讲解清楚的了, 另外, 即使讲解清楚, 学生未必能理解, 涉及的知识已经超出了他们的理解范畴, 因此, 在课堂教学使用正负电荷检验器时, 直接对其定义: 探测到正电荷红灯亮, 探测到负电荷绿灯亮, 都不亮的是物体不带电荷。然后, 再使用用丝绸摩擦过的玻璃棒和用毛皮摩擦过的橡胶棒去碰触正负电荷检验器。

图 3 - 2 - 6   正负电荷检验器

五、教学演示实验仪器设备的使用注意事项

教学演示实验仪器设备一般是在教室课堂中使用, 因此, 在使用教学演示实验仪器设备时, 应当注意一些事项, 以免造成麻烦。

1. 教学演示实验仪器设备使用前一定要仔细检查该仪器设备, 确认其没有问题

教学演示实验仪器设备, 一般学校不会大量采购, 通常都只有两三套, 而且不是教师个人专用、是科学教师共用的, 因此, 在教师个人使用前就应该确认其是否正常, 如有问题, 应该更换仪器设备或者调整课堂教学教案。

2. 一定要详细查看教学演示实验仪器设备使用说明和相关资料

很多教学演示实验仪器设备的操作比较复杂, 要求和注意事项也比较多, 因此, 必须要在使用教学演示实验仪器设备详细查看它的使用说明和相关资料, 避免在课堂教学中使用仪器设备出现意料外的情况 (实验现象不明显, 实验现象不符, 甚至是仪器意外造成的安全问题)。

3. 在课堂使用前要准备好其他配套实验仪器设备和实验材料

很多教学演示实验仪器设备是需要配合其他教学演示实验仪器设备，或者其他实验材料一起使用的。比如，前面提到的正负电荷检验器，就需要配套玻璃棒、丝绸、胶棒和毛皮一起使用。因此，在课堂前要对应的准备好该教学演示实验仪器设备其他配套使用的仪器设备和实验材料，以免在课堂教学中使用教学演示实验仪器设备时，出现仪器设备和实验材料不足无法继续实验的情况。

4. 预估教学演示实验仪器设备或者演示的实验现象的危险系数，并有相应的应对措施

在课堂教学中，教师在使用教学演示实验仪器设备时，尤其是有学生参与其中的实验互动，更加需要对其预估实验的危险系数，并相应的有应对措施。由于实验偶然性的特性，谁都无法百分之一百确保不会发生意外，因此，教师在操作教学演示实验仪器设备时，就应该有个预估教学演示实验仪器设备或者演示的实验现象危险系数的准备，和应对意外发生的应对措施。如第二章提到的马德堡半球实验，正是由于教师预估危险不足，没有相应的应对措施，才会导致意外发生。

第三节 实验演示实验仪器设备

一、实验演示实验仪器设备的概念

实验演示实验仪器设备是指在实验教学中需要使用的演示实验仪器设备，这部分实验仪器设备较少，主要是在实验室内使用，用以示范如何操作实验或者操作学生实验仪器设备的作用。

二、实验演示实验仪器设备的目的

实验演示仪器是作为学生实验课程中，教师为更具体讲解和演

55

示学生实验而用的仪器。

使用实验演示实验仪器设备的目的是为了能更好示范学生实验仪器设备的操作，使学生能更好地观察和了解如何操作学生实验仪器设备。传统的实验教材都会对学生实验仪器设备操作有相应的介绍，包括文字、图片等。然而，随着我国教学仪器行业的发展，教学仪器厂家林立，学生实验仪器设备日新月异，型号众多，使用上也有所差异。这就造成了传统的实验教材都会对学生实验仪器设备操作有相应的介绍的滞后性，无法真正帮助学生掌握学生实验仪器设备操作。因此，在实验教学中，教师使用实验演示实验仪器设备来演示实验仪器设备的操作，就能使学生最为直观、有效和针对性地了解学生实验仪器设备操作。

三、使用实验演示实验仪器设备的基本要求

从实验演示实验仪器设备的目的来看，使用实验演示实验仪器设备的基本要求就是帮助学生掌握学生实验仪器设备操作和演示实验步骤。因此，实验演示实验仪器设备的设计要求就是能真实实现学生实验仪器设备的操作，并且被学生们观察到。

能真实实现学生实验仪器设备的操作，意思就是要求实验演示实验仪器设备在外形和操作上要跟学生实验仪器设备是一致的；同时能被学生观察到，是指实验演示实验仪器设备在外形与学生实验仪器一致，但是，要比学生实验仪器体型要大很多。学生实验仪器是学生个人操作的实验仪器设备，不需要体型很大，只要能让学生个人能观察到即可；实验演示实验仪器设备虽然在体形上与学生实验仪器设备一致，但它是在实验教学中使用，不是能被几个学生观察到就可以，而是要使整个实验室内所有学生都能观察到，因此，体型上要大于学生实验仪器设备。

四、实验演示实验仪器设备的设计方法

根据使用实验演示实验仪器设备的基本要求，实验演示实验仪器设备的设计方法大多以实验仪器（工具）放大法为主。对于实验

仪器（工具）放大法可以参考前一节"教学演示实验仪器设备的设计方法"中的实验仪器（工具）放大法。这里不做重复概述。

实验演示实验仪器设备在中小学科学实验中使用不多，甚至有些学校已经不再使用实验演示实验仪器设备。原因是：①中小学科学实验教学中，学生实验仪器设备设计大多以定性为主，因此，功能和使用上不会特别复杂，所以，一般实验教学中涉及相应的实验演示仪器设备较少；②虽然，我国仪器厂家林立，但是对于制造生产中小学科学实验中的学生实验仪器设备，型号功能相对较统一，运用原理相同或相似，因此，与实验教材上设计到学生仪器设备的介绍不会有太大出入，所以，实验演示仪器设备的使用意义不大；③实验教学中，多媒体技术教学手段的大范围运用。近年来，随着我国对义务教育的重视和对义务教育的资金投入，使很多中小学校可以将多媒体硬件配套到实验室中去，为实验教学中运用多媒体教学打下了硬件基础；21 世纪以来，多媒体教学手段越来越普及，很多中小学里，"教师会使用多媒体教学"已成为基本要求。多媒体技术教学可以将教师对学生实验仪器设备的操作录制下来，再经过视频投放技术，将画面重播和放大，甚至可以运用 flash 技术将实物操作虚拟化，然后再现视频。

因此，实验演示实验仪器设备在中小学科学实验中，慢慢地被淘汰了。

第四节　学生实验仪器设备概述

一、学生实验仪器设备的概述

学生实验仪器设备，是指提供给学生所使用的实验仪器设备。它相对于演示实验仪器设备而言。

学生实验仪器设备，是中小学科学实验教学的核心实验仪器设备，是中小学学生直接能接触到的仪器设备，也是作为课堂实验教学的核心实验仪器设备，同时也是作为提高学生动手能力的主要器材。

二、学生实验仪器设备的分类

学生实验仪器设备按照课程使用时段划分为课内学生实验仪器设备和课外学生实验。简单来说，课内学生实验仪器设备是在实验课程内使用的学生实验仪器设备；课外学生实验的划分依据是在实验课程外使用的学生实验仪器设备。

一般来说，课内学生实验仪器设备都是由学校出面统一采购配置的，属于学校的固定资产，而课外学生实验仪器设备有些是由学校出面统一采购配置的，也有一些是由学生自己付费购买的。

三、课内学生实验仪器设备的概述

所谓课内学生实验仪器设备，顾名思义，就是指在实验课程教学中，学生操作使用的实验仪器设备。它属于学校的资产，是作为学生操作实验的主体实验仪器设备。

中小学学校的课内学生实验仪器设备都是使用功能和结构比较简单单一的，对需要供电工作的课内学生实验仪器设备的使用，控制更为严格（一般都是采购使用干电池供电的课内学生实验仪器设备，而不是使用市电供电的课内学生实验仪器设备）。原因有以下两点。

1. 实验课程内容限制

中小学科学实验是以定性实验为主，因此，学生操作实验只需要观察到实验现象即可，记录的实验数据也是以实验现象来表述。而对于实验仪器设备而言，定性和定量的结果会对实验仪器的结构和功能产生很大的影响，定性类的实验仪器设备在功能和结构上都要比定量类的实验仪器设备简单。

2. 出于实验安全考虑

好动是孩子的天性，中小学学生心智还未成熟，为了防止意外发生，功能和结构复杂的实验仪器设备往往会对仪器操作有比较苛刻的要求，如果操作不当，轻则影响实验结果，重则造成实验仪设备损坏，甚至是意外事件，造成人员伤亡。功能和结构单一的实验仪器设备，操作简单，即便是操作不当，最多也只是造成实验仪器设备损坏，很少会发生意外事件。

四、课外学生实验仪器设备的概述

课外学生实验仪器设备，泛指学生在课堂外使用的实验仪器设备，包括课程课外学生实验仪器设备和非课程课外学生实验仪器设备。

1. 课程课外学生实验仪器设备

课程课外学生实验仪器设备，是指与实验课程教学相符的，由学生（或者学生家长）自己购置的实验仪器设备，作为学生在课堂外使用的实验仪器设备。从性质上来说，这属于学生（或者学生家长）的个人行为，属于个别行为，其目的是为了强化学生在实验（或者实验仪器）上的动手操作能力，巩固理论课程教学，辅助学生的科学认知程度。

学生（或者学生家长）会购置课程课外学生实验仪器设备的原因有很多。主要是因为随着我国素质教育的深化和普及，科学实验越来越被重视，在浙江省，中考科目中已经将科学实验作为单独一门科目计入中考成绩。因此，很多家长和学生都非常注重实验（实验仪器设备）的动手操作训练，课程内的实验（实验仪器设备）的动手操作已经很难满足学生的要求，因此，学生（或者学生家长）会自行采购有关的课程课外学生实验仪器设备，进行课外实验（实验仪器设备）的动手操作。另外，当下很多实验仪器生产厂家，尤其是针对中小学实验的仪器生产厂家，为了扩大营业范围，有针对性地对课程课外学生实验仪器设备进行营销和生产，无论在功能上还是价格上都要明显优于以往。使学生（或者学生家长）更容易、更方便购置到有关课程课外学生实验仪器设备。

学生（或者学生家长）购置的课程课外学生实验仪器设备与课内学生实验仪器设备会有所差别，又因为制造课程课外学生实验仪器设备的仪器厂家良莠不齐，也会造成课程课外学生实验仪器设备操作的实验结果与课内学生实验仪器设备操作的实验结果存在出入。学生可能会就这些差别和出入提问教师，教师不能武断解答，也不可臆测回答，必须要根据学生所使用的课程课外学生实验仪器设备的情况进行相应的解答解惑，避免答非所问、文不对题，对学生造成更大的困扰。

2. 非课程课外学生实验仪器设备

非课程课外学生实验仪器设备，是指与实验课程教学无关的，由学生（或者学生家长）自己购置的实验仪器设备，作为学生在课堂外使用的实验仪器设备。

非课程课外学生实验仪器设备与课程课外学生实验仪器设备最大的区别在于，它的使用目的不同。它最大的使用目的是培养学生的课外兴趣和普及科学知识，它与实验课程教学没有直接关系。例如，一些学生参加课外的活动如机器人竞赛、无线电竞赛等，这些都会涉及有关计算机、计算机机器人软件和电子方面的实验仪器设备，这些实验仪器设备是不会在课堂实验教学中涉及的。所以，学生使用的这些非课程课外学生实验仪器设备都是作为培养自我的课外兴趣。还有一些比如趣味科学实验仪器设备，这些也是不太会在课堂实验教学中涉及的，它们的使用目的则是普及学生的科学知识。

对于科学教育教师来说，非课程课外学生实验仪器设备的结构、操作和原理并不一定都能了解和掌握，尤其是一些专业性较强的实验仪器设备，科学教育教师如果没有涉及过这方面的知识，根本不会使用。但是，这并不意味着科学教师可以不用理会非课程课外学生实验仪器设备。毕竟有部分非课程课外学生实验仪器设备是属于科学趣味类实验，其解答工作还是由科学教师承担的。对于有条件的科学教师可以涉足一些专业性较强的实验仪器设备，作为课外竞赛的指导教师指导学生竞赛，这样既可以充实自己，又可以增强学生的科学兴趣，还可以提高学校知名度，可谓一举三得。

第四篇　科学教育教学创新

　　从 20 世纪末，各中小学学校兴起的多媒体技术教学改革，到当下微课与慕课教学改革，都对中小学科学教育教学产生很大的影响。本篇介绍一种新的中小学科学教育教学法——魔术教学法，可以作为科学教育专业学生的一种参考。

第四章

魔术教学

第一节 魔 术

一、魔术

魔术就是以随机应变为核心的一种表演艺术，是制造奇迹的艺术。它是依据科学的原理，运用特制的道具，巧妙综合视觉传达、心理学、化学、数学、光学及形体学、表演学等不同科学领域的高智慧的表演艺术。抓住人们好奇、求知心理的特点，制造出种种让人不可思议、变幻莫测的假象，从而达到以假乱真的艺术效果。

从本质上来说，魔术是一种艺术，一种表演艺术。从实质上来说，魔术是一种运用，一种对科学原理的表演运用。所以，从实质上来讲，魔术就是一种科学原理的巧妙运用。

二、魔术的分类

魔术种类繁多，划分方式也不同，一般魔术的常见分类方式有两种：一种是根据魔术表现手法而分；另一种是根据魔术的变现场地而分。

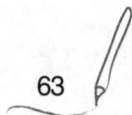

1. 根据魔术表现手法分类

魔术根据魔术表现手法可以分为技巧魔术与道具魔术。

所谓技巧魔术，是指以心理暗示，数学运算，手技甚至杂技等技术技巧为主来表现的魔术。尤其是在"无中生有"的魔术中，可以看出魔术师手技的高超，这类魔术就属于技巧魔术，主要靠魔术师手上功夫来展现魔术效果的。

道具魔术，是以表演中使用道具的物理性、化学性等特殊化处理后为主来表现的魔术。比如，水中分沙的魔术，主要就是在道具"沙子"上进行处理，并不是普通的沙子，所以才能让魔术表演下去。

2. 根据魔术表现场地分类

根据魔术表现场地可以分为近景魔术和舞台魔术。

近景魔术，是指魔术师近距离或零距离在观众面前来表演的魔术。

舞台魔术，是指魔术师在舞台上，以特殊视角视线为主在观众面前来表演的魔术。

三、魔术常用手法

1. 心理暗示法

心理暗示，是指用含蓄、间接的方式，对别人的心理和行为产生影响。这是魔术师最常用的手法。一般魔术师在表演时，他所说的话、所做的动作，甚至是他的穿着都起到心理暗示的作用，直接影响观众的思维判断和注意力，无形中配合了魔术师的表演，成为整个魔术中的一个环节。心理暗示作用在魔术中起到相当重要的作用。

心理暗示的作用，可以用图 4-1-1 来说明。如果下面的单词都是一个颜色的话，按照要求应该很容易完成，但是如图这么显示，一般很难有人能完成要求，字体的颜色就是一种心理暗示，干扰着人们的思路，影响着结果。魔术师就是为了让魔术显得更魔幻，经常会使用心理暗示。

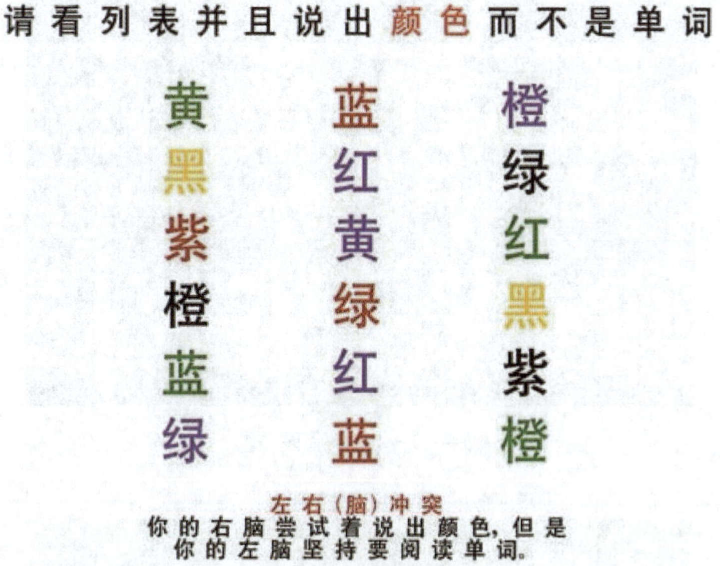

请看列表并且说出颜色而不是单词

黄　　蓝　　橙
黑　　红　　绿
紫　　黄　　红
橙　　绿　　黑
蓝　　红　　紫
绿　　蓝　　橙

左右（脑）冲突
你的右脑尝试着说出颜色，但是
你的左脑坚持要阅读单词。

图 4-1-1　心理暗示例子

2. 障眼法

障眼法，顾名思义，就是遮蔽或转移别人视线使看不清真相的手法。这种魔术手法也是魔术师最为常用的手法。魔术中运用障眼法的方式大致有三种：视觉差错、视角、遮物。

视觉差就是利用人眼的特性或者物体的特性，造成以假乱真的现象。每个人的每个眼球都存在着一个盲点，这个盲点是接收不到光的反应的，人之所以有两只眼球就是相互之间避免视觉盲点的出现，如图 4-1-2 和图 4-1-3 所示，两者都是静态图，当观察的注意点在变换时，画面就会出现所谓动态，使观察者误以为这是动态图。物体的特性，是指一些物体的视觉效果非常相近，从而引起的一个视觉差错。比如，水中变冰魔术，实质是将一些固体的透明物事先放入水中，由于它们的折射率与水的折射率是一致的，因此，看不出它们的存在，再加上魔术师的心理暗示，就会认为被捞出水的固体透明物为冰了。

65

图 4 - 1 - 2　黑点移动图

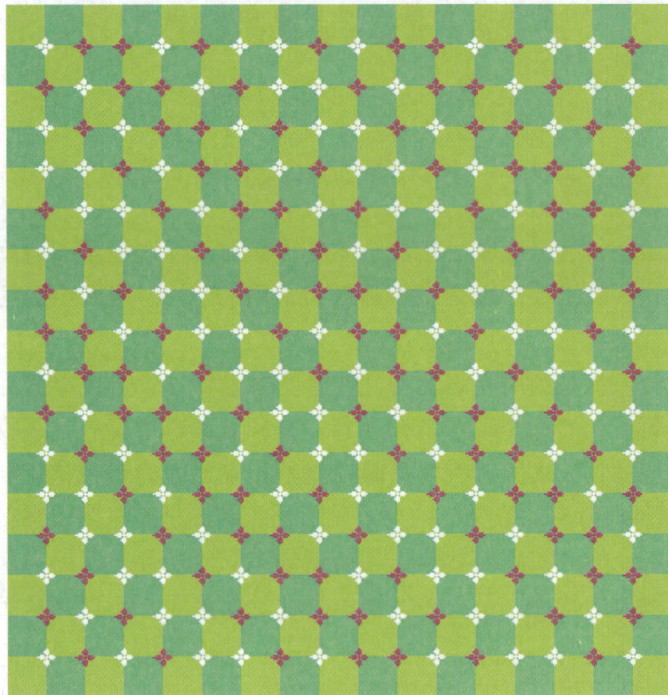

图 4 - 1 - 3　滚动波浪图

视角，就是魔术师利用表演的魔术的角度不同，掩饰了一些道具的机关。这个是舞台魔术最为常用的魔术手法。比如，掌心火魔术，从观众席上来看效果很震撼，魔术师可以凭空召唤火球，但是换个视角，就可以发现魔术师手中的道具和衣服上的机关。

遮物，指魔术师利用遮挡物来掩盖一些操作，使观众看不到全况，从而造成魔术魔幻的效果。比如，人体漂浮魔术，人体切割魔术，无中生有等魔术，都是在操作时，有遮挡物遮挡，使观众看不到全况，以此营造魔幻的效果。

3. 技巧法

技巧法，就是指魔术师使用手法技巧来实现魔术的效果。魔术师手上功夫都是十分优秀的，表演无中生有的魔术都能做到快、准、稳，一气呵成，然而，很多魔术视频在慢放过程中都会被揭穿的，由此说明，魔术师的技巧也是一种魔术的手法。

4. 道具法

道具法，就是指魔术师利用道具来实现魔术。道具法又分为道具机关法和道具物性法。

道具机关法，将一些道具进行特殊处理，装有机关暗门，使其看起来与正常的道具没有区别，以此来实现魔幻效果。比如，手杖变花、烧纸变花、飞舞的纸牌等，都是靠道具的机关暗门来实现的。

道具物性法，是利用道具的物理化学性质，来实现魔幻效果。最典型的就是水中分沙魔术，利用的就是沙子表面物质的疏水性，实现"水中取沙，沙不湿"的奇异现象。

第二节　魔术教学

一、魔术教学定义

所谓魔术教学，就是指在教学中穿插着魔术，以实现教学目的的一种教学手法。魔术教学不同于一般的课堂教学，它以引进魔术为特点，结合魔术剖析其内在的科学原理，结合课堂教学目的，以生动、形象、有趣的形式来阐述所要教授的课堂知识。

二、魔术教学简述

魔术教学兴起于欧美国家，很多欧美家庭直接将魔术用于儿童的科普家庭教育。在国外，以魔术形式进行科学教学已经很普遍，既可以很好地说明相关科学理论应用，又可以积极引导学生的思考观察能力，还可以活跃课堂氛围，避免灌输式、机械式、教条式的授课。因为，魔术的魔幻性、观赏性、探究性可以很容易地引起学生好奇心理，进而能通过魔术来讲解科学的现象。

魔术教学是科学教育中特有的一种教学。从实质上来说，魔术就是一种科学原理的巧妙运用，这也注定了科学教育可以很好地运用魔术来阐述科学原理。虽然，一些魔术也运用了数学原理，但是由于涉及的知识与数学中小学课程教育相关不多，因此，数学教学很少会使用魔术教学，而对于其他学科，可以用魔术来活跃课堂气氛，但是与课程本身知识并无相关，只能作为课堂"调剂"，而不能起到课堂教学运用。科学教育则不同，科学教育本身就是为了教授科学原理知识，魔术则是科学原理的运用，因此，科学教育课程教学中运用魔术教学，既能作为课堂"调剂"，还能起到课堂教学运用。

三、我国魔术教学的概述

在国内，以魔术手法引进科学教育中并不多见。原因有很多方面。

首先，由于我国中小学教育依然以灌输式为主的形式进行授课，以学生应试分数高低来判断教学质量，因此，大多数中小学学校的科学教育教师不会选择魔术这种形式来丰富课堂教学形式，这是主要原因。

其次，中小学学校的科学教育教师缺乏对魔术教学甚至是魔术的认识和接触。大多数中小学学校的科学教育教师还是受到传统课程的影响，依然以传统的教学方式进行备课、授课，对于魔术教学甚至是魔术接触很少，而部分接触魔术的教师，依然是以娱乐的眼光看待，并没有意识到魔术与科学的关联，因此，很少会有科学教育教师运用魔术教学。

最后，是受到传统认识上的限制。在国外，魔术一词为 magic 或者 illusion，直译出来是魔法、魔幻、幻觉的意思，强调的是这门手艺的神秘性和不可思议性。而在我国，魔术在传统中是被称为杂耍、把戏、障眼法、千术、戏法，魔术这个词是近代才引入的新名词，从这些字眼可以看出，传统上，魔术是被国人所鄙夷的。因此，很多中小学科学教师对魔术都是嗤之以鼻、不屑一顾，自然也就对魔术教学一无所闻。

随着近年来教育部对中小学素质教育进行强化，以及积极鼓励中小学教师引进国外先进的教育方法，魔术教学被一部分教师所认可，但人数依然比较少。

四、魔术教学的作用（特点）

魔术教学是以魔术为载体来传授学生魔术内在的科学原理和知识，反传统的教学理念，新颖、魔幻的表现手法避免课堂教学变成灌输式、教条式的课程。魔术教学的作用大致有七点。

1. 以魔术的表演性来活跃课堂教学氛围

魔术本质是一种表演艺术，相较于传统的授课方式——板书、PPT 等而言，更具有娱乐性，更能吸引学生的注意力，可以避免呆板的课堂教学氛围，活跃课堂教学氛围。

2. 以魔术的魔幻效果来引发学生好奇心理

魔术的表演过程是充满了魔幻的效果，往往会有出人意表的结果，这样就能很容易抓住学生的注意力，引发学生的好奇心理，而好奇心理往往是学习的潜在动力。

3. 以魔术的观赏性来培养学生的观察能力

魔术是一个表演艺术，因此，它是具有一定观赏价值的，而魔

69

术的出人意料的结果往往是埋伏在它展示的过程中，有些魔术是可以通过观察它的过程来揭秘的，这就在很大程度上训练了学生的观察能力。

4. 以魔术的不可思议性来引导学生的思维能力

魔术就是以假乱真的迷惑观众，但是却不会与科学原理相悖，它都是科学原理来运用的。过程总是不可思议的，这样可以让学生思考其原理，以此来拓展学生的思维。

5. 以魔术的参与性来带动学生探索能力

很多魔术的表演为了体现真实性，往往会邀请观众参与魔术的表演，所以，教师在运用魔术时，可以请学生参与互动，既可以吸引学生的注意力，又可以让学生能参与其中，从而带动学生的探索能力。

6. 以魔术的科学原理来帮助学生对科学知识理解

中小学科学课程教学会涉及很多演示实验的操作，这些演示实验都以定性为主。这些演示实验虽然具有代表性，能很好地阐述科学原理，但是都以科学实验为要求来演示操作，过于严肃，样板性较强。而魔术，同样是对科学原理的运用，但是它属于表演艺术，更能吸引学生，使学生对于科学的原理加深印象，从而更好、更全面地理解科学知识。

7. 以魔术的趣味性来提高学生的动手能力

中小学学生有很强的模仿能力，魔术道具与演示实验仪器设备相比较，更容易到手，学生会觉得魔术有趣味性，根据课程里教师操作的魔术模仿上手，从而提高和锻炼学生的动手能力。

五、魔术教学的注意事项

科学教育课程开设魔术教学时必须注意以下情况。

1. 课程开设条件

魔术教学是服务于课程教学的，因此，魔术在课堂上的展现是作为教学辅助的，不能为了魔术而魔术，而是为了教学而魔术，因此，对于课堂教学中是否要使用魔术教学，优先考虑的是课程是否需要，绝对不能喧宾夺主、以偏概全。

2. 硬件配套

所谓"巧妇难为无米之炊"，开设魔术教学必须要准备好课堂魔术的道具，确保道具的完整性和功能性，避免课堂操作魔术穿帮的事情发生，魔术道具操作不当，会使魔术穿帮，不但无法辅助课堂教学，还会适得其反。

3. 魔术选择

魔术种类繁多，千差万别，各有特色，运用魔术原理也有不同，因此，不是任意一个魔术都可以作为魔术教学使用。必须要针对课堂教学涉及的科学原理来选取相应的魔术，即便是运用同一个科学原理的魔术，也要针对课堂教学需求进行选择。

第五篇　课外实验实践

　　随着我国对九年制义务教育和素质教育的重视，各中小学学校都相应地加强了课外实验实践教育。与20世纪相比，课外实验实践不管是在"量"上还是"质"上，都有了长足的进步。因此，对于科学教育专业的学生有必要了解当下中小学的一些课外实验实验活动。

第五章

发 明

第一节 创 新

一、创新

　　有这样一个测试题，很多人用来测试个人的性格，每一个回答都有他自己的原因。因此，很多人拿它来作为心理测试题。但是从参考答案来看，更像是一个给创新下的定义。题目如下：

　　有三个人正在焦急地等公共汽车。一个是快要临死的老人，他需要马上去医院；一个是医生，他曾救过你的命，你做梦都想报答他；还有一个女人，她是你做梦都想娶的人，也许错过就没有了。但你的车只能再坐下一个人，你会如何选择？

　　老人快要死了，你首先应该先救他。

　　你也想让那个医生上车，因为他救过你，这是个好机会报答他。

　　还有就是你的梦中情人。错过了这个机会。你可能永远不能遇到一个让你这么心动的人了。

　　如何选择都会有所遗憾，往往人们总会自我安慰：人生总会有遗憾的事。是这样吗？

　　给医生车钥匙，让他带着老人去医院，而"我"则留下来陪"我"的梦中情人一起等公车！

　　取舍之间往往忽略了自己所在的位置而不肯"挪动"。

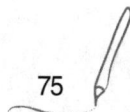

二、创新的概念

以现有的思维模式提出有别于常规或常人思路的见解为导向，利用现有的知识和物质，在特定的环境中，本着理想化需要或为满足社会需求，而改进或创造新的事物、方法、元素、路径、环境，并能获得一定有益效果的行为。

创新就是反传统的破坏性思维，是最亲和的感官性体验，和最优化的合理性设计。

图 5 - 1 - 1 是国外的一个染发剂广告牌，设计很特别：将广告牌的女人像的头发镂空，以广告牌后面的天空作为镂空女人像的填充，以广告牌（白色）作为背景。这样，女人像的头发颜色会顺着天空的颜色而变化：如图上、中、下三种状况，正好应对了染发剂的效果。它的设计不以传统的平面广告设计，而是以镂空头发，以天空自然的颜色为动态（时间动态）来实现染色剂的广告效果，既实现了宣传染色剂效果，又吸引了路人的眼球，是一个十分新颖的创意广告。

图 5 - 1 - 1　染发剂广告

三、影响创新的因素

创新对于一个民族而言，是进步的灵魂；对于一个国家而言，是兴旺发达的不竭动力；对于一个企业公司而言，是憧憬的未来；

对于个人而言，是耀眼的闪光点。

创新不是与生俱来，是靠后天培养和训练的。在解决如何培养自我的创新能力之前，首先要知道哪些会影响自我的创新能力。

大致来说，影响创新的因素有五点：掌握的知识、性格、经历（灵感）、经验（阅历）和思维方式。

1. 掌握的知识

这里的知识包括知识量、知识面和知识度。知识量是指个人掌握的总的知识分量，知识面是指个人掌握的知识涉及的领域学科，知识度是指个人掌握的知识深度，知识前沿。掌握的知识是影响创新的前提基础，如果一个人不学无术，即便是有再好的想法，那也不一定是创新，可能是天方夜谭、空中楼阁。

另外，学历文凭不是衡量一个人掌握知识的标准，它只能作为一个人掌握知识的参考，恰恰有这么一些人学历文凭越高、创新能力越低下，通常被称为"死读书""书呆子"。当然，也有这么一些人学历文凭越高、创新能力越强。因此，学历文凭的高低不是影响创新的因素，只能作为一个参考。

2. 性格

如果将前者认为是一个 IQ 因素，那么，个人性格可以认为是一个 EQ 因素。

从心理学角度来说，性格乐观、外向的人更乐于接受新事物，新知识，结交新朋友，善于交流，这些人有更强破旧立新的潜力，敢于也勇于创新；而悲观、内向的人，更喜欢墨守成规，不愿与陌生人交谈。性格是没有好坏之分，但是，对于创新来说，确实会有所青睐。

从当下的创新事物来看，一个创新事物的诞生，依靠个人来完成的很少，毕竟涉及的专业领域较多，个人知识有限，因此，往往都是依靠一个创新团队来完成。团队内的个人间交流、相处正是受着个人性格的影响。

3. 经历（灵感）

是指在面对突发事件而产生的偶然想法。

发明大王爱迪生说过，所谓天才就是 99% 的汗水加上 1% 的灵感。不能否认"99% 的汗水"的功劳，但是，事实却是缺少"1% 的灵感"也许可能就达不到创新的要求。

灵感，有些属于天赋，更多的是后天能力。对于一些文艺工作者，他们经常会需要创作灵感，这些不是与生俱来的，而是靠自我的经历来获得的。一场意外、一次旅行、一次邂逅、一段对话都会触发他们的创作灵感。同样的，创新的灵感也许就是这么不经意间会出现，瓦特烧开水烧出了一个蒸汽机，闭门造车是不会有创新的灵感的，要出去经历事情寻找灵感。

4. 经验（阅历）

对自我过往事物产生的经验型想法和判断的影响。

很多创新事物的发明者，都是某一行业资深的技术人员，或者是某一行业的从业人员，或者是某一事物的操作人员。他们对于这一创新事物的发明，完全是依靠自我多年从业和使用某一事物的经验而发明、改良和改进的，从而使某一事物得到创新。

5. 思维方式

人们对于问题的思考方式不同。

举个例子，扑克牌二十四点的算法游戏相信绝大多数人都玩过，就是抽取四张扑克牌，通过加、减、乘、除运算将四张牌的点数变成二十四点，谁先抢答完成谁获胜，如果不能满足二十四点就重新抽取。比如：3，8，4，10 可以用 $(10 - 4 - 3) \times 8$ 获得 24。有这样一组牌：5，5，5，1。有相当一部人认为这是无法得到 24 的，都选择重新抽取，但是实际上，这是可以运算得到 24 的：$5 \times (5 - 1 \div 5)$，之所以有人认为这不能得到 24，是因为他们运用运算一直以整数为准，忽略了分数（或者小数）的运算，并不是不会，而是固式思维狭隘了他们的运算。

人们真正在做事时，在习惯中会被固式思维所限制，习以为常、墨守成规往往狭隘了自我的思维和能力，正如前面的故事和例子所言，自己在车中，就忘记自己是可以下车的；二十四点的运算一直用整数运算，就忘掉了分数（或者小数）也是可以四则运算的。创新是反传统的破坏性思维，不要将自己的思维固定式，敢于跳出现有的思维方式，才有创新的可能。

第二节 发 明

一、发明

网上流传着这么一个笑话，是关于一个博士后和技术工的故事：

某公司引进了一条香皂包装生产线，结果发现这条生产线有个缺陷：常常会有盒子里没装入香皂。总不能把空盒子卖给顾客啊！他们只得请了一个学自动化的博士后设计一个方案来分拣空的香皂盒。

博士后拉起了一个十几人的科研攻关小组，综合采用了机械、微电子、自动化、X射线探测等技术，花了90万元，成功解决了这个问题。每当生产线上有空香皂盒通过，两旁的探测器就会检测到，并且驱动一只机械手把空皂盒推走。

中国南方有个乡镇企业也买了同样的生产线，老板发现这个问题后大为发火，找了个小工来说"你给我把这个搞定，不然你给我走人"。小工很快想出了办法，他花了190块钱在生产线旁边放了一台大功率电风扇猛吹，于是空皂盒都被吹走了。

从这个故事可以看出，发明可以是一个很复杂的事情，也可以是一个很简单的事情，不管是复杂还是简单，殊途同归，发明最终的目的是能够在实际使用中解决现有的问题。

二、发明的定义

发明是应用自然规律解决技术领域中特有问题而提出创新性方案、措施的过程和成果。

产品之所以被发明出来是为了满足人们日常生活的需要。

发明的成果或是提供前所未有的人工自然物模型，或是提供加工制作的新工艺、新方法。机器设备、仪表装备和各种消费用品以及有关制造工艺、生产流程和检测控制方法的创新和改造，均属于发明。所以前面提到的"博士后"和"小工"都是对生产流程的改造（捡空盒子），他们做的都属于发明。

发明不同于科学发现，发明主要是创造出过去没有的事物，发现主要是揭示未知事物的存在及其属性。发现是解释世界的，而问题的关键在于改变世界，改变世界通过发明这个渠道。在历史的进程中，发明在其中起着决定作用，而一项东西的发明或是单个人独自完成的或是集体创造的，整个世界从古至今从来都没有离开过发明创造，现今所享受到的数不尽的美好的东西都是通过能发明创造的人们的手得来的。

三、发明的分类

按创新程度不同，发明可以分为两大类：开创性技术发明和改进性技术发明。

1. 开创性技术发明

这种发明，其新技术方案所依据的基本原理与已有技术有质的不同，又称基本技术发明。如蒸汽机技术的发明开创了热能向机械能的转化，在基本原理上区别于仅有机械能转化的简单机械。立足于电磁感应原理的电力技术的发明开创了电能与机械能的相互转化。从利用链式核反应原理到利用核聚变反应原理，可取得开创性的核技术发明。近代和现代的开创性技术发明大都以科学原理的突破为条件，自觉地应用新的科学原理来解决技术问题。科学上的许多重大突破，将会导致技术上的开创性发明。

2. 改进性技术发明

这种发明是在基本原理不变的情况下，对已有技术作程度不同的改变和补充，又称改良性技术发明。如电灯中用钨丝代替碳丝，用充氩代替真空，都是依据电热发光的同一原理。高压蒸汽机、汽轮机和多缸蒸汽机的发明，都是对蒸汽机技术的改进。改进性技术发明以开创性技术发明为基础，开创性技术发明靠改进性技术发明得到完善和发展。改进性技术发明可能以新的科学发现为前提，但在很多情况下是靠长期的经验积累和经验摸索的。没有科学原理的根本性突破，也可能做出有重大价值的改进性技术发明。改进性技术发明与开创性技术发明的区分是相对的。

开创性技术发明往往导致技术系统的根本性变革，其意义重大。在技术发明中，数量最多的是改进型的。完善与基本技术有关的材料、结构、工艺和功能都会导致改进性技术发明。把一种基本技术移植、应用于多种对象，通常要求改变基本技术的某些环节，派生出另一些发明，这属于应用改进型技术发明。把多种已有技术结合起来组成一个前所未有的系统，实现某种新的功能，往往也需要对已有技术作改进而产生一些发明，这属于综合改进型技术发明。对产品的形状、构造乃至外观设计上的创新和改进，有时也具有发明的性质。

四、专利

专利是指，一般由政府机关或者代表若干国家的区域性组织根据申请而颁发的一种文件，这种文件记载了发明创造的内容，并且在一定时期内产生这样一种法律状态，即获得专利的发明创造在一般情况下，他人只有经专利权人许可才能予以实施。

发明是属于专利保护的，我国的发明保护必须为已获得专利的发明，未获得专利的不在保护范围内。而专利的获得，才是被公认的发明。

在我国，专利分为发明、实用新型和外观设计三种类型。我国专利法规定可以获得专利保护的发明创造有发明、实用新型和外观设计三种，其中发明专利是最主要的一种。

1. 发明专利

我国《专利法》第二条第二款对发明的定义是："发明是指对产品、方法或者其改进所提出的新的技术方案。"所谓产品是指工业上能够制造的各种新制品，包括有一定形状和结构的固体、液体、气体之类的物品。所谓方法是指对原料进行加工，制成各种产品的方法。发明专利并不要求它是经过实践证明可以直接应用于工业生产的技术成果，它可以是一项解决技术问题的方案或是一种构思，具有在工业上应用的可能性，但这也不能将这种技术方案或构思与单纯地提出课题、设想相混同，因单纯的课题、设想不具备工业上应用的可能性。

发明是指对产品、方法或者其改进所提出的新的技术方案，主要体现新颖性、创造性和实用性。取得专利的发明又分为产品发明（如机器、仪器设备、用具）和方法发明（制造方法）两大类。

2. 实用新型专利

我国《专利法》第二条第三款对实用新型的定义是："实用新型是指对产品的形状、构造或者其结合所提出的适于实用的新的技术方案。"同发明一样，实用新型保护的也是一个技术方案。但实用新型专利保护的范围较窄，它只保护有一定形状或结构的新产品，不保护方法以及没有固定形状的物质。实用新型的技术方案更注重实用性，其技术水平较发明而言，要低一些，比较简单的、改进性的技术发明，可以称为"小发明"。

实用新型是指对产品的形状、构造或者其结合所提出的适于实用的新的技术方案，授予实用新型专利不需经过实质审查，手续比较简便，费用较低，因此，关于日用品、机械、电器等方面的有形产品的小发明，比较适用于申请实用新型专利。

3. 外观设计专利

我国《专利法》第二条第四款对外观设计的定义是："外观设计是指对产品的形状、图案或其结合以及色彩与形状、图案的结合所作出的富有美感并适于工业应用的新设计。"并在《专利法》第二十三条对其授权条件进行了规定，"授予专利权的外观设计，应当不属于现有设计；也没有任何单位或者个人就同样的外观设计在申请日以前向国务院专利行政部门提出过申请，并记载在申请日以后公告的专利文件中。"相对于以前的《专利法》最新修改的《专利法》对外观设计的要求提高了。

外观设计与发明、实用新型有着明显的区别，外观设计注重的是设计人对一项产品的外观所作出的富于艺术性、具有美感的创造，但这种具有艺术性的创造，不是单纯的工艺品，它必须具有能够为产业上所应用的实用性。外观设计专利实质上是保护美术思想的，而发明专利和实用新型专利保护的是技术思想；虽然外观设计和实用新型与产品的形状有关，但两者的目的却不相同，前者的目的在于使产品形状产生美感，而后者的目的在于使具有形态的产品能够解决某一技术问题。例如，一把雨伞，若它的形状、图案、色彩相当美观，那么应申请外观设计专利，如果雨伞的伞柄、伞骨、伞头结构设计精简合理，可以节省材料又有耐用的功能，那么应申请实用新型专利。

外观设计是指对产品的形状、图案或者其结合以及色彩与形状、图案的结合所作出的富有美感并适于工业应用的新设计。外观设计专利的保护对象，是产品的装饰性或艺术性外表设计，这种设计可以是平面图案，也可以是立体造型，更常见的是这二者的结合，授予外观设计专利的主要条件是新颖性。

五、发明应具备的条件

中小学生的发明主要为改进性技术发明，对于改进性技术发明而言，可以不用具备前沿科技知识体系支撑，但是还是要具备一定的发明条件。

1. 潜在条件

发明的潜在条件就是"贪、图、安、逸"。

"贪"是指对多快好省的一种期望，即是对于效率的一种期望。很多发明都是基于"贪"上，比如第一次工业革命带来的一众发明机械设备。

"图"对于利益的一种期望。有利可图，是现代企业工厂对于研发部门的投资基础，而研发部门是最具有发明潜力的部门。

"安"对于安全的一种期望。很多事物的发明都是与安全相关，如安全带、灭火器等，是为了保障人们生产、生活的安全。

"逸"对于享乐的一种期望。当下,随着物质生活水平的提高,人们会更多关注于娱乐设施的使用,比如,自动麻将机、游戏机、家电等。

2. 先决条件

发明的先决条件就是了解生活、懂得生活。

了解生活,就是指能了解生活中的细节,在生活细节中寻找发明的可行性。图5-2-1是一把普通的尺子,图5-2-2是一把有发明专利的尺子,而这把尺子的

图5-2-1 学生尺子

发明者是一位初中生,他的发明灵感就是由这把普通的尺子而来的。发明者当时做化学题时,经常要画各种化学玻璃器皿,不但麻烦,而且画得不好看,在使用尺子时,发现尺子上面镂空后就能得到想要的图形,然后,有了这样的想法并将其实现。

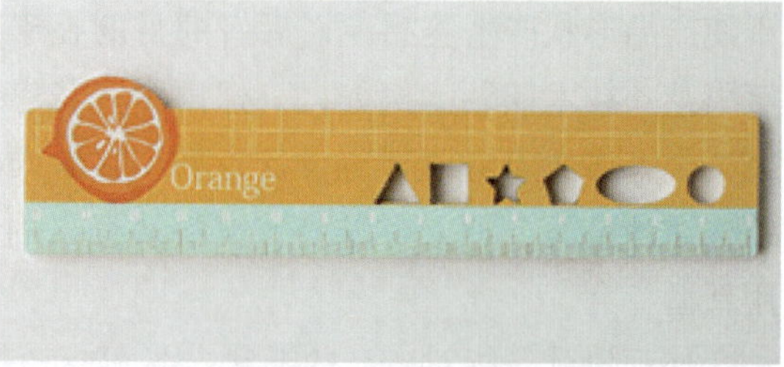

懂得生活,是指能在生活中有所追求。图5-2-3是一种两用椅子(梯椅),这个椅子的发明者是生活在城市里的一位学生,因为自己身高不够高经常要上衣柜上面拿东西,一般椅子的高度很难让他够到,因此,他想到了梯子,然后,家里空间不足以容纳梯子,他突发奇想,将椅子做成梯子,既节省了空间又可以让他够到高处。

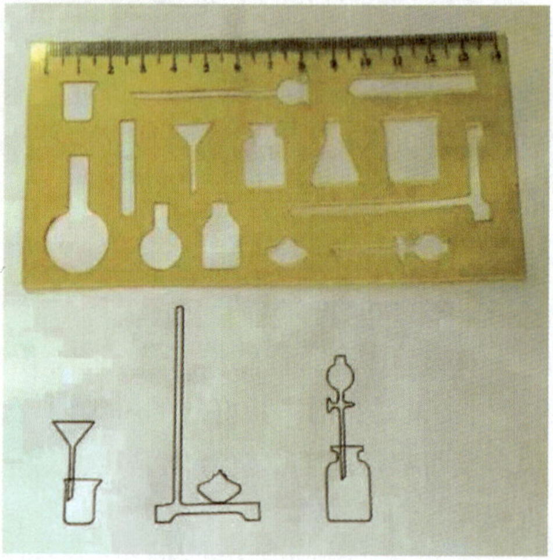

图5-2-2 化学图形尺子

图5-2-3 两用椅子（梯椅）

3. 必备条件

发明的必备条件就是有创新的思维能力、天马行空的假想和相关的知识与经验。

发明就是一种创新，一种有悖于传统理念的存在，因此，发明者必须具备创新的思维，不能以传统的思维理念去思考发明的创意和想法。

发明就其本质来说就是不切实际的存在，很多发明的东西在未出现前都是天方夜谭，比如，飞机、电话、无线充电技术等。所以，发明者就应该敢去假想，有了天马行空的假想，才能使自己的发明具有可塑性。

发明不是科幻小说，光有创新的思维能力和天马行空的假想是不够的，还要具有相关的知识与经验来支撑发明的实际架构，毕竟，发明是事实存在的东西。

4. 充分条件

发明，从来不是一蹴而就的事情，它不光要有创新的想法和相关的知识体系来架构，还需要将这个想法变成现实，这个过程既漫长而且困难重重，会经历很多失败和挫折，这就要求发明者要有不断尝试的毅力和不馁的信心。爱迪生发明电灯尝试了上千种材料去做灯丝，最终确定了钨丝。因此，发明的充分条件就是需要有不断尝试的毅力和不馁的信心。

第六章

四 模 竞 赛

模型竞赛一直是浙江省中小学也是主要传统的课外竞赛项目，也是各中小学作为素质教育的一项主要内容。往年，学生获奖会计入中考加分，教育局十分看重模型竞赛。各个中小学校，尤其是作为重点或者特色或者是私立学校，都非常重视模型竞赛，以模型竞赛最为本校的办学特色。而一般中小学学校以科学教师作为学生模型竞赛的主要指导教师。因此，对于科学教育专业的学生而言，有必要对模型竞赛的情况进行学习、了解和掌握，作为日后就业和工作打好基础。

第一节　模型与模型竞赛概况

一、模型的定义

模型指的是由教育部、中国科协、国家体委、共青团中央、全国妇联共同举办的，旨在提高广大青少年动手、动脑能力，培养青少年科技活动能手的全国性青少年科技活动中的模型。

一般分为：航模（航空模型）、车模（车辆模型）、海模（航海模型）、建模（建筑模型）。

二、浙江省模型竞赛概况

浙江省模型竞赛一般由省模型无线电运动协会承办，主办单位有省体育局、省科技局、共青团省委、省妇联、省关工委。在每年的暑期都有普及级和提高级的比赛，普及级比赛主要的参赛选手是中小学生，提高级分为青少年项目和公开组项目。

浙江省的模型竞赛从原来的三模竞赛（航空模型竞赛、车辆模型竞赛和航海模型竞赛）变为现在的四模竞赛（航空模型竞赛、车辆模型竞赛、航海模型竞赛和建筑模型竞赛）。

三、模型材料与模型企业

模型材料是作为模型竞赛的基本要求，各竞赛都会对应有相应的模型材料要求，浙江省各中小学学校一般会选用杭州中天模型有限公司的模型。

杭州中天模型有限公司，坐落于风景秀丽的西子湖畔，是我国规模最大、最专业的研发、生产及推广各类青少年科技体育模型的综合型生产型企业。公司创始人冯锐，是被国家体育总局航管中心领导的评价为"航模界的李宁"。

"中天模型"的海陆空建模型系列自 2001 年起以多次被选定为"飞向北京"全国青少年航空航天模型竞赛、"我爱祖国海疆"全国青少年航海建筑模型竞赛、"驾驭未来"全国青少年车辆模型竞赛的指定器材。"模型工作室"系列产品自 2006 年起被安徽、湖南、陕西、山西、河南、新疆、海南、贵州等多个省份选定为"国家扶持青少年校外活动场所建设"的模型类指定器材。多款器材同时也被选定为国家"2+1"工程、科技创新操作实验室等众多项目的准入产品。

积极开拓国内市场的同时，中天模型不断加深与国际科技模型界的紧密合作，公司现已与美国、德国、英国、日本等全世界 30 多个国家及地区建立合作关系，"ZT MODEL"已逐渐成为各国青少年开展科技模型活动的重要品牌之一。

四、模型制作常用工具

模型竞赛离不开模型制作工具，常用的模型制作工具一般有：

老虎钳（钢丝钳）、尖嘴钳、斜口钳、螺丝刀（常用一字螺丝刀）、美工刀（刻刀）、锉刀（平锉刀）、直尺、三角尺、镊子、锤子、锯子、胶水（瞬间胶，即"502"胶水）。

这些工具是模型制作工具的一般配置，也会根据具体要求增加相关其他工具。

第二节　航空模型概况

一、航空模型的定义

在国际航联制定的竞赛规则里明确规定，航空模型是一种重于空气的、有尺寸限制的、带有或不带有发动机的、不能载人的航空器。

其技术要求是：①最大飞行重量同燃料在内为 5 千克；②最大升力面积 150 平方分米；③最大的翼载荷 100 克/平方分米；④活塞式发动机最大工作容积 10 毫升。

飞机模型，一般认为不能飞行的，以某种飞机的实际尺寸按一定比例制作的模型叫飞机模型，如图 6-2-1 所示。

图 6-2-1　飞机模型

模型飞机，一般称能在空中飞行的模型为模型飞机，叫航空模型，如图 6-2-2 所示。

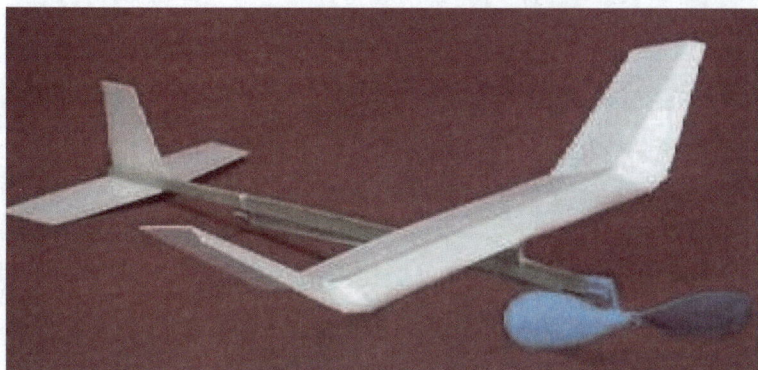

图 6 – 2 – 2　模型飞机

二、航空模型的组成（模型飞机的组成）

模型飞机一般与载人的飞机一样，主要由机翼、尾翼、机身、起落架和发动机五部分组成。

1. 机翼

机翼是模型飞机在飞行时产生升力的装置，并能保持模型飞机飞行时的横侧安定。

2. 尾翼

包括水平尾翼和垂直尾翼两部分。水平尾翼可保持模型飞机飞行时的俯仰安定，垂直尾翼保持模型飞机飞行时的方向安定。水平尾翼上的升降舵能控制模型飞机的升降，垂直尾翼上的方向舵可控制模型飞机的飞行方向。

3. 机身

将模型的各部分联结成一个整体的主干部分叫机身。同时机身内可以装载必要的控制机件，设备和燃料等。

4. 起落架

供模型飞机起飞、着陆和停放的装置。前部一个起落架，后面两面个起落架叫前三点式；前部两面个起落架，后面一个起落架叫

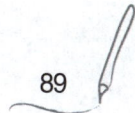

后三点式。

5. 发动机

它是模型飞机产生飞行动力的装置。模型飞机常用的动力装置有：橡筋束、活塞式发动机、喷气式发动机、电动机。

6. 螺旋桨

螺旋桨是一种把发动机的动力变成拉力的装置。螺旋桨的效率的高低会直接影响到模型飞机的飞行成绩。

三、航空模型技术常用术语

航空模型有其一定的结构，相应的会有相关常用术语来描绘（见图6-2-3）。

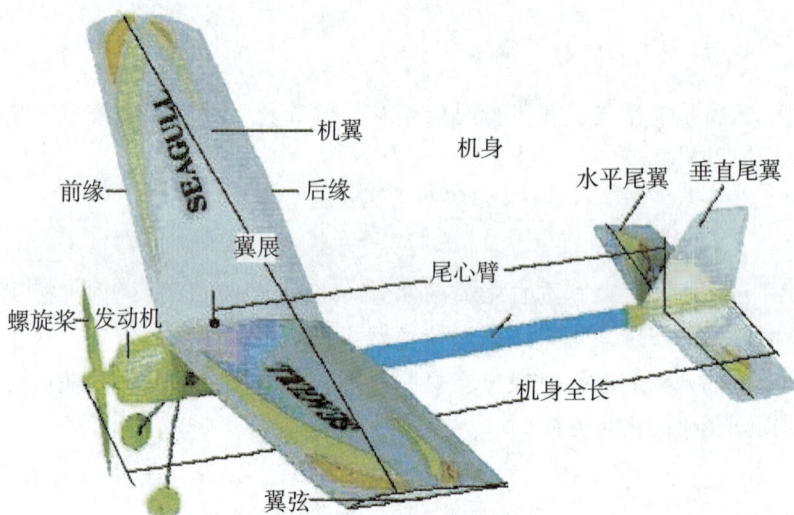

图6-2-3　航空模型的结构

1. 翼展

机翼（尾翼）左右翼尖间的直线距离（穿过机身部分也计算在内）。

2. 机身全长

模型飞机最前端到最末端的直线距离。

3. 重心

模型飞机各部分重力的合力作用点称为重心。

4. 尾心臂

由重心到水平尾翼前缘四分之一弦长处的距离。

5. 翼型

机翼或尾翼的横剖面形状。

6. 前缘

翼型的最前端。

7. 后缘

翼型的最后端。

8. 翼弦

前后缘之间的连线。

9. 展弦比

翼展与平均翼弦长度的比值。展弦比大说明机翼狭长。

四、航空模型运用的原理

航空模型飞行是运用了两个主要原理，也是飞行器常用的原理。

1. 伯努利原理

如果两手各拿一张纸，使它们之间的距离大约 4～6 厘米。然后用嘴向这张纸中间吹气如图 6－2－4 所示。你会看到，这两张纸不

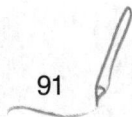

但没有分开，反而相互靠近了，而且吹出的气体越大，两张纸就越靠近。从这个现象可以看出，当两纸中间有空气流过时，压强变小了，纸外压强比纸内大，内外的压强差就把两纸往中间压去。中间空气流动的速度越快，纸内外的压强差也就越大。

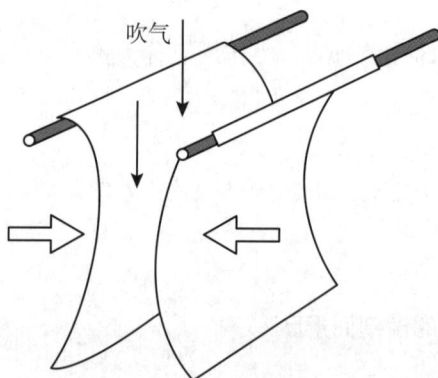

图 6-2-4　伯努利原理

2. 机翼升力原理

飞机机翼地翼剖面又叫做翼型，一般翼型的前端圆钝、后端圆锐，上表面拱起、下表面较平，呈鱼侧形。前端点叫做前缘，后端点叫做后缘，两点之间的连线叫做翼弦。当气流迎面流过机翼时，流线分布情况见图 6-2-5。原来是一股气流，由于机翼地插入，被分成上下两股。通过机翼后，在后缘又重合成一股。由于机翼上表面拱起，使上方的那股气流的变窄。根据气流的连续性原理和伯努力定理可以得知，机翼上方的压强比机翼下方的压强小，也就是说，机翼下面受到向上的压力比机翼上表面受到的压力大，这个压力差就是机翼产生的升力。

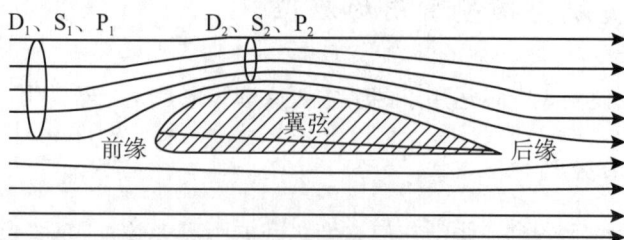

图 6-2-5　机翼升力原理

五、中国航空（中国人的第一架飞机）

1909 年 9 月 21 日，中国最早的飞机设计师和飞行员冯如，驾驶自己设计制造的飞机，在美国奥克兰市附近的派得蒙特山丘上试飞，首次飞行取得成功。后来又进行过多次飞行，他的飞机飞行高度达 210 米，速度达到每小时 105 千米，沿海湾飞行距离曾达到 32 千米。这是中国人首次驾驶自制飞机飞上蓝天。

冯如，1883 年 12 月 25 日出生于广东恩平，十几岁去美国做工。经过 10 年半工半读，刻苦钻研机械工艺技术，掌握了机械和电学等方面的知识。莱特兄弟的飞机飞行成功后，冯如深受影响，决心要研制并驾驶飞机，以报效祖国。1907 年，冯如与其他几位华侨一起，在奥克兰租厂研制飞机，虽连遭挫折，但毫不气馁，经过 10 多次修改，终获成功。1910 年，冯如又新制成一架双翼机，于当年 10 ~ 12 月间在奥克兰进行表演，获得成功，孙中山先生称赞其为"中国杰出的人才"。

冯如回国后，被任命为广东革命政府飞机长，成为中国第一个飞机长。他立即在广州燕塘建立广东飞行器公司，这是中国国内的第一个飞机制造厂。经过 3 个月的努力，于 1912 年 3 月，制成一架与"冯如 2 号"相似的飞机，这也是中国国内制成的第一架飞机，揭开了中国航空工业史的第一页。因此，冯如也是我国近代航空事业的创始人和开拓者。

第三节　航天模型概述

一、航天模型的定义

航天模型，顾名思义是仿航天器外形制作的一种可回收模型，隶属于航空模型，是供运动用的一种不载人的飞行器，其动力为模型火箭发动机，即一种微型固体火箭发动机。由于航天模型多呈火

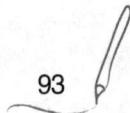

箭状，故通称模型火箭。换句话说，模型火箭是指不利用气动升力去克服重力，而是靠模型火箭发动机推进升空的一种航空模型；它装有使之安全返回地面的以便再次飞行的回收装置；为确保安全，它的结构部件必须由非金属材料制成。

二、火箭飞行原理

中国是火箭的故乡。据《宋史》等古籍记载，在公元 970 年前后的宋朝初年，我国就发明了具有反作用力因素的古代火箭。

但"万户飞天"的悲壮故事说明，古代火箭是无法将人送入太空的。这个任务就历史地落在了现代火箭身上。

由于火箭不依赖外部空气工作，因此，宇宙航行理论奠基人、俄国科学家齐奥尔科夫斯基在 1883 年指出，能在太空真空中工作的火箭，可以作为宇宙航行的动力工具。

到 1903 年，齐奥尔科夫斯基进一步提出火箭公式，指出火箭的飞行速度与火箭发动机的喷气速度成正比，并指出，黑色火药一类的固体火箭燃料，产能效率低，无法使火箭达到宇宙速度，应该使用液氢液氧这样的液体燃料。同时，火箭公式还表明，火箭的自身结构质量越小越好，燃料装得越多越好。这样，火箭公式就为发展现代火箭指明了方向。它被称为"齐奥尔科夫斯基公式"。

在火箭公式的基础上，齐奥尔科夫斯基还运用他巧妙的思维指出，用多级火箭接替工作的办法，可使火箭逐级提高速度，最后达到所需的宇宙速度。

火箭公式是把宇宙航行从理论、理想变为现实的转折点，后来人们将火箭公式誉为"宇宙航行第一公式"。

1926 年，美国科学家戈达德发射成功第一枚液体燃料火箭，虽然它只飞行了 2.5 秒钟，上升高度只有 12 米，但它是现代火箭的一个健康的胎胚。

在 20 世纪 30 年代，奥伯特和他周围的一些欧洲人，积极投入到研制火箭的实践中去，也为发育现代火箭做出重要贡献。

20 世纪 40 年代初，德国人布劳恩领导研制的 V - 2 火箭，虽是一种作战武器，但它却宣告现代火箭诞生了。

1957 年 10 月 4 日和 1961 年 4 月 12 日，苏联航天事业总设计师科·罗廖夫研制的火箭，分别将人类的第一颗人造地球卫星和第一名航天员送入太空轨道，建造了载人航天的巨大里程碑。

火箭飞行的原理和气球"飞"的原理一样，都是利用了物体的反作用力。火箭的"肚子"里装有燃料，燃料点着后产生大量热量，变成急剧膨胀的气体，气体从火箭尾部猛烈喷出，火箭便在气体喷发产生的反作用力下向前飞行了。

反冲原理（见图 6 - 3 - 1）：在现实生活中，经常会看到这样的现象，一个充足气的气球拿在手上，突然放手，气体从气球中喷出来，这时气球就向着相反的方向飞出去，这种运动遵循动量守恒定律，在物理上称作为反冲。

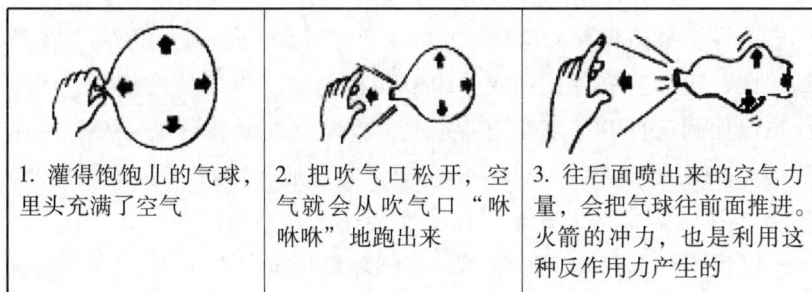

| 1. 灌得饱饱儿的气球，里头充满了空气 | 2. 把吹气口松开，空气就会从吹气口"咻咻咻"地跑出来 | 3. 往后面喷出来的空气力量，会把气球往前面推进。火箭的冲力，也是利用这种反作用力产生的 |

图 6 - 3 - 1 反冲原理

三、模型火箭运动史

20 世纪 40 年代末和 50 年代初，模型火箭运动在美国和前捷克斯洛伐克兴起并得到发展。50 年代，模型火箭逐步标准化、系列化和商品化，从而使模型火箭运动在全球范围内得到推广和普及。1957 年美国市场上出现了模型火箭套材及其专用的模型火箭发动机，并且成立了国家火箭技术学会（National Association of Rocketry，NAR），负责模型火箭技术的交流和管理。在此期间，东欧各国，如南斯拉夫、保加利亚和波兰等国，也在大力发展模型火箭运动。

由于模型火箭发动机的商品化，使模型火箭的研制、组装、发射变得简单，而且也更加安全可靠，从而激发了广大青少年和学生积极投入的巨大热情。他们灵活运用在学校学到的数学和工程知识，并积极向有关专家和工程技术人员请教，使得一整套以模型火箭为研究对象的理论和制作技术应运而生，并不断完善。

1959 年国际航空联合会（Federation Aeronautique Interna-tional, FAI）审议并通过国际模型火箭竞赛规则（1984 年以后执行的规则为《FAI 运动规则，4d 部分，航天模型》）。从此，模型火箭运动正式列入国际航联所属的国际性比赛项目。

1966 年 5 月在前捷克斯洛伐克举行了首届模型火箭国际赛，仅有 7 国参加，除美国外，其余为东欧 6 国，即波兰、罗马尼亚、东德、保加利亚、南斯拉夫和东道主的捷克斯洛伐克。

1972 年 9 月在南斯拉夫举行了第一届世界航天模型锦标赛，除美国和东欧 6 国外，参加的国家还有：澳大利亚、加拿大、西德、西班牙、埃及、荷兰和英国等。从此，世界航天模型锦标赛成为国际航天模型最高级别的竞赛。此后每 2～3 年举行一届：1974 年在南斯拉夫、1978 年在保加利亚、1980 年在美国、1982 年在波兰、1985 年在保加利亚 1987 年在南斯拉夫、1989 年在罗马尼亚、1992 年在美国、1994 年在波兰、1996 年在斯洛文尼亚、1998 年在罗马尼亚、2000 年在斯洛伐克共举行了 13 届世界航天模型锦标赛。

除世界锦标赛外，每年还举办洲际锦标赛及公开赛，如欧洲航天模型锦标赛、国际航天模型公开赛和北美航天模型竞赛等。

1991 年亚洲的日本成立了模型火箭学会，引进美国的模型火箭技术，大力发展和加强了本国的模型火箭运动实力。

目前模型火箭技术已经发展到一个新的阶段，例如，采用计算机辅助设计（CAD）和风洞试验技术进行模型设计；采用新材料、新工艺，以提高模型火箭发动机的性能和安全可靠性。因此，模型火箭运动的普及程度和运动水平都在不断提高，不断出现新的飞行纪录；同时，仿真模型火箭和大型模型火箭技术也在逐步发展和不断完善，并开发应用领域，其前途不可限量。

四、水火箭

水火箭是利用废弃的饮料瓶制作成动力舱、箭体、箭头、尾翼、降落伞。灌入一定数量的水，利用打气筒充入空气到达一定的压力后发射。

1. 水火箭的原理

水火箭又称气压式喷水火箭、水推进火箭。顾名思义是利用箭内水向后喷出，获得反作用力射出。而水向后喷出的能量则是由瓶内压缩空气的势能转化而来。在发射水火箭前会灌入空气达一定压力，由于高压会自然向低压流去，故在喷嘴被打开时，空气自然向喷嘴流去，但由于水挡在前方，故水会被空气推出火箭，而火箭也借此获得向前的速度。

2. 水火箭的作用

水火箭是寓教于乐、科技含量高，深受广大青少年喜爱的动手、动脑的科普教材。可以让学生直观了解导弹、运载火箭的发射升空、回收的过程，以及导弹的飞行与飞机的飞行原理和不同点。

解释牛顿第一、第二、第三定律（作用与反作用、惯性、能量守恒定律）了解一些基本的空气动力学和飞行力学等方面知识。使广大青少年了解航天科技，热爱航天科技，为国家航天事业培养、造就、输送优秀人才。

3. 水火箭的比赛活动

组织水火箭比赛的形式多样。有比一比留空时间的长短、有比谁打的远、也有比打靶的……现在各种降落伞式的水火箭、多级水火箭也层出不穷。

第四节 车辆模型概述

一、车辆模型的定义

车辆模型通常是指按照现实车辆外形、功能、工作原理、运动形式制作的模型，它具有观赏性、趣味性和竞赛性等特点。

二、车辆模型的分类

车辆模型有不可操纵的静态观赏模型车，也有简单的四驱轨道、直线竞速车、无线电遥控车。

静态观赏模型车：静态观赏车模又称民用车模，以民用交通工具为原型，按其与真车的比例有 1/6、1/9、1/12、1/24、1/32 等多种；按车辆类型分为摩托车、汽车、赛车、卡车等。民用车模属于观赏性静态车模，因其制作精良、结构考究，深受车模爱好者喜爱，有一定的收藏价值。

无线电遥控车：无线电遥控车辆模型，按其与真车的比例有 1/24、1/12、1/10、1/8、1/5 等多种；按其动力方式可分为电动力车和内燃机动力车；按车模行驶的场地路面又可分为公路赛车和越野赛车。目前，在世界各国，竞赛活动比较多的项目主要有：①1/12 电动公路赛车；②1/10 电动公路赛车；③1/10 电动越野赛车（分两轮驱动和四轮驱动）；④1/8 内燃机公路赛车；⑤1/8 内燃机越野赛车。

三、车辆模型的竞赛

车辆模型的比赛与真车的比赛很相像，通常是在专门设置的封闭跑道内进行。跑道由多个不同的直道和弯道组合而成，宽度为 3～5 米。公路赛车跑道一般是平坦的沥青或水泥路面；而越野赛道通常为沙土地或草地，还要人为设置一些跳坡、断桥等障碍。比赛时通常是 10 部车一个编组，在规定时间内看谁跑的圈数多，由专门的记时记圈装置自动记录成绩。经过这样若干轮的预赛后，将所有的参赛者的最佳成绩依次排列，前 10 名为 A 组，第 11～20 名为 B 组……以此类推，然后按组别开始决赛，决出各组别的冠军、亚军、季军。当然 A 组的水平最高，奖项和荣誉也最高。在国外的比赛中，还设立一个"TQ 奖"，用以奖励预赛中单轮成绩最好的车手（"TQ 奖"的"分量"与 A 组冠军相近）。模型赛车比赛的时间也各不相同。电动力车由于电池能量有限，通常为 4～5 分钟，而内燃机动力赛车由于可随时添加燃料，一般预赛为 5~8 分钟，决赛往往延长至 30 分钟，甚至 1 小时。不言而喻：若想在比赛中获胜，参赛者除了要有高超的操纵技巧，还要有良好稳定的心理素质以及与助手的默契配合。长时间比赛对参赛者的耐力。反应及应变能力也都是一个严峻的考验。

同真赛车一样，车模比赛的场面紧张刺激，超车、撞车、意外翻车、冲出跑道等情况时有发生。但车模比赛又总是"有惊无险"，绝不会有爆炸起火、人身伤亡等重大事故，所以更具有趣味性。许多爱好者本身就是赛车迷，虽然他们无缘去接触那些真赛车，但他们可以选择与真赛车一样款式的模型车，并自己动手将其美化得与真赛车一模一样。然后，俨然自己就是赛纳、舒马赫，在赛道上一显身手，大过赛车瘾。甚至那些尚无能力拥有汽车的平民百姓也可以在玩模型赛车时找一找自己驾车的感觉。

四、车辆模型的发展史

车辆模型活动是随着现代电子科学技术的发展而产生的，20 世纪 70 年代中期，模型用无线电遥控设备逐步实现了商品化，性能也日趋完善，从而带动了车辆模型的发展。1979 年，第一个国际车模组织——国际车辆模型联合会（IFMAR）成立，开始划分车种，制定比赛规则并定期举办世界锦标赛和地区性比赛。1982 年底，亚洲、大洋洲地区的车辆模型组织——远东车辆模型协会在新加坡成立，日本、泰国、澳大利亚、新加坡等国家以及中国香港、中国澳门等地区都成为会员。

近年来，国外的车模活动发展很快。在许多国家和地区，车模活动被列为政府提倡的健康有益的娱乐活动之一，趣味性和商业气息并存的赛事活动十分频繁。不同层次、职业、年龄的爱好者通过各种比赛切磋技艺、交流情感、增进友谊，丰富了自己的业余生活，并从中汲取知识，得到乐趣。

五、杭州市车辆模型竞赛

在杭州的车辆模型比赛，主要有省模型协会、市模型协会、青少年活动中心以及专业生产模型公司主办的比赛。

1. 科技节

科技节每两年进行一次，一般有区市两级比赛，在比赛中设置的项目有遥控车、直线车、四驱车等。

2. 市竞标赛

市竞标赛一般也是两年一次，和科技节穿插进行，设置项目和科技节类似。

3. 省普及级比赛

每年都有，一般安排在暑期进行。项目有直线车、遥控车、四驱车等。

4. 省提高级比赛

每年都有，一般设有青少年组和公开组，比赛项目以遥控车为主。相对普及级而言，水平更高、更专业。

5. 全国赛

每年都有，比赛形式类似于省提高级比赛。

第五节　航海模型概述

一、航海模型的定义

航海模型，是指船舶、军舰的模型，通常是指体育运动项目中的模型制作、比赛、展览、表演。它是一项科技、军事、体育、文化教育活动。通过制作模型、比赛、展览、表演等多种形式，了解关于船舶、海军、海洋方面的各种知识，提高学生的综合素质。航海模型是具有科技性的体育运动项目，通过研究制作、在水上操控各种模型，学习航海科学知识。航海模型在我国已开展四十余年，受到广大群众、特别是青少年的喜爱。

二、航海模型分类

航海模型种类很多，分类的方法也各有不同。按照世界航海模型运动联合会 NAVIGA 的规则，航海模型的竞赛项目分为五类：

1. 动力艇航海模型（M）

内燃机动力圆周竞速和无线电遥控单艇或多艇竞速的竞速艇模型。

2. 仿真航海模型（C）

只评比建造工艺技术水平的舰船、设备及建造场景等各类模型。

3. 耐久竞速艇（FSR）

无线电遥控，按专用竞赛场地、航线在规定的较长时间里集体竞速绕圈航行的竞速艇模型。

4. 帆船模型（S）

它是一种无线电遥控帆船模型。

5. 仿真航行航海模型（NS）

我国开展的航海模型项目有：仿真模型、动力艇模型、帆船模型和表演模型等。

三、杭州市航海模型竞赛

在杭州的航海模型比赛，主要有省模型协会、市模型协会、青少年活动中心以及专业生产模型公司主办的比赛。

1. 科技节

科技节每两年进行一次，一般有区市两级比赛。直线航行船和遥控航行船。

2. 市竞标赛

市竞标赛一般也是两年一次，和科技节穿插进行。设置项目和科技节类似。

3. 省普及级比赛

每年都有，一般安排在暑期进行。项目有直线航行船、遥控船等。

4. 省提高级比赛

每年都有，一般设有青少年组和公开组，比赛项目以遥控船为主。相对普及级而言，水平更高、更专业。

5. 全国赛

每年都有，比赛形式类似于省提高级比赛。

第六节　建筑模型概述

一、建筑模型的定义

顾名思义，指建筑及环境艺术模型介于平面图纸与实际立体空间之间，它把两者有机地联系在一起，是一种三维的立体模式。这里特指单一建筑物的模型，一般以桥梁、房屋建筑为主的模型。

二、建筑模型竞赛

建筑模型竞赛属于开设较晚的模型竞赛。以往的模型竞赛主要以三模竞赛为主，即航空模型竞赛、车辆模型竞赛和航海模型竞赛，随着建筑模型竞赛的加入，原来的三模竞赛变成了当下的四模竞赛。

建筑模型竞赛，由于其涉及的是建筑物，因此，在竞赛内容中比其他三模竞赛要简单，不需要为模型设置动力类竞赛。所以，建筑模型竞赛一般分为两类：房屋模型外形（外观）竞赛和桥梁承重竞赛。

房屋模型外形（外观）竞赛，是指学生动手操作将相应的材料制作成相关竞赛要求的房屋模型，以模型的工艺、外形、美观等为评分标准，进行评分竞赛。

桥梁承重竞赛，即使用相关建筑模型材料，按竞赛要求制作桥梁模型，并在完成的桥梁模型下方悬挂重物，测试桥梁模型最大的承重重量，以此来评定竞赛分数。

三、建筑模型竞赛特点

建筑模型竞赛不同于其他三模竞赛，航模、车模和海模都有相应的遥控类或者动力类模型竞赛，而建筑模型竞赛是一个"静态"的模型竞赛，因此，建筑模型更多的不是在模型操作和控制上，而是集中在制作工艺、美观和承重力上，从这一点来说，参赛学生需要更多的注意细节上制作。

第七章

其他课外实验实践

第一节　无线电测向运动（无线电竞赛）概述

一、无线电竞赛概念

无线电竞赛，是指无线电测向运动，是群众体育项目之一，也是业余无线电活动的主要内容。它类似于众所周知的捉迷藏游戏，但它是寻找能发射无线电波的小型信号源（即发射机），即无线电捉迷藏，是现代无线电通信技术与传统捉迷藏游戏的结合。

二、无线电竞赛内容

无线电竞赛大致过程是：在旷野、山丘的丛林或近郊、公园等优美的自然环境中，事先隐藏好数部信号源，定时发出规定的电报信号。参加者手持无线电测向机，测出隐蔽电台的所在方向，采用徒步方式，奔跑一定距离，迅速准确地逐个寻找出这些信号源。以在规定时间内，找满指定台数，实用时间少者为优胜。

通常，把事先巧妙隐藏起来的信号源比喻成狡猾的狐狸，故此项运动又称无线电"猎狐"或抓"狐狸"。

三、无线电竞赛要求

首先，无线电测向运动是一项群众体育运动，因此，参加该项活动，需要进行一定的身体训练。

其次，无线电测向运动是需要学习无线电方面的知识，要掌握测向机或其他电子制作技能，这无疑将丰富和延伸学生的课堂知识，使课堂学习更轻松。

由于无线电测向既不是纯科技性的室内制作，又不是固定场地上的单一奔跑，充分体现了理论与实践、动手与动脑、室内与户外、体能与智力的结合。

四、无线电竞赛的发展

无线电测向运动起源于 20 世纪 20 年代，这项运动充分考验选手的思考能力和体能素质，在欧美等地区广泛流行。我国于 1960 年首次引进无线电测向运动，在 1988 年，我国实现了在这个项目的国际比赛中金牌零的突破，随后的几年时间内，中国无线电测向队相继夺得了 11 枚世界锦标赛金牌，这些辉煌战果为国家争得了荣誉。但从 20 世纪 90 年代中期起，受各级体育管理部门推行"奥运战略"的影响，不是奥运项目的无线电测向运动逐渐淡出了人们的视线，各省相继把各自的无线电测向运动专业队伍砍掉。

虽然近十年来我国的无线电测向运动发展并没有停顿，但由于缺乏有利于其健康发展的外部环境，这项集科技、体育、趣味性于一体，深受广大群众喜爱的运动目前正面临着严峻的考验。

由于缺乏足够的重视，无线电测向运动近年来一直是在一种近乎"沉默"的环境中发展。从 20 世纪 70 年代末到 90 年代初，我国各级体育管理部门对无线电测向运动发展都有专项的经费扶持，有16 个省市设有专业的无线电测向运动队，其中湖南、山西、广东等省份还培养了许多国际级的运动员。但从第 8 届全运会起，全运会的无线电测向运动比赛被取消了，到现在，就连全国体育大会都没有设置无线电测向运动的比赛，各地对这项运动发展的重视程度由此可见一斑。

缺乏关注，经费问题也就成了制约无线电测向运动发展的关键性难题。第 11 届世界无线电测向锦标赛在斯洛伐克举行，但我国却很难选拔出代表我国最高水平的选手去参赛，而前去参赛的运动员还有可能是自费前往，这对于曾经取得辉煌成绩的中国无线电测向运动来说，实在是一件尴尬的事儿。

为了让我国无线电测向运动得到更好的发展，中国无线电运动协会创造性地推出了很多具有中国特色的无线电测向运动比赛项目，如短距离测向运动、测向机制作评比等，这些新项目受到许多体育爱好者，尤其是广大青少年的喜爱。在广东、上海等地，参与无线电测向运动的青少年人数呈逐年上升状态。

第二节　机器人竞赛概述

一、机器人竞赛

机器人竞赛，即中国青少年机器人竞赛活动，是 20 世纪末由中国科协青少年工作部积极创意并组织开展的一项青少年科技活动。进入 21 世纪，伴随着电子、信息技术的应用与迅速普及，青少年机器人活动如雨后春笋陆续在我国二十多个省、自治区、直辖市蓬勃兴起。研究、创意、动手制作机器人活动已成为 21 世纪中小学校青少年科技创新活动的新亮点和新领域。

二、机器人竞赛概况

目前全国百余万青少年机器人爱好者通过各种形式投身于机器人的高科技竞技与机器人科学研究和工程研究活动。青少年机器人活动，是一项综合多种学科知识和技能的青少年科技活动，学生通过计算机编程、工程设计、动手制作与技术构建，结合孩子们的日常观察、积累，去寻求自己最完美的解决方案，发展自己的创造力。中国青少年机器人竞赛是以弘扬科学技术，凸显创造与创新，强化团队贡献，培养科学素质，关联当今世界面临的问题与机遇为宗旨。中国青少年机器人活动将现实世界的事物与"动手做"活动相结合，放手让青少年通过活动去发现解决问题的方法，并获得那些当今科学家和工程师们所面对的机会。同时，它也是中国科协在 21 世纪青少年科技创新活动中着力创建和打造的一个崭新品牌，是青少年科技竞赛活动探索走向社会化的一种尝试。这项活动对贯彻落实《2001～2005 年中国青少年科学技术普及活动指导纲要》，跟上国际机器人科普活动的潮流，培养青少年的实践能力和创新精神，把现代化的科学技术知识引入中小学青少年科技教育活动，激发广大青少年学习、探索、掌握和运用电子信息技术的兴趣，鼓励更多的青少年机器人爱好者迅速成才，极为有益。

三、机器人竞赛使用材料与工具

机器人竞赛中使用的材料并没有严格意义上的限制，各个生产厂家也会有不同的参数和性能，主体上来说，机器人使用的材料是以模块化为主，方便学生能自由、任意组合，以实现机器人的硬件功能。

而对于机器人的软件程序编写，也会有不同的程序支持，目前使用较多的是一款叫"萝卜圈"的程序，使用操作上比较简单，能够在线仿真机器人运动。

第六篇　实验实践

第八章

魔术实验案例

案例一 扑克牌预言实验

扑克牌预言实验是教纲里面没有的实验，将此实验引入中小学科学实验是一次课堂实验的革新。魔术教学介绍在第四篇第五章有详细的介绍。本次引入的扑克牌魔术实验属于技巧魔术。

一、实验目的

1. 锻炼学生在实验中的观察能力
2. 锻炼学生在实验中的思考能力
3. 在教学实验中引入魔术，活跃课堂氛围
4. 使学生树立正确的科学观念

二、实验器材

一副普通的扑克牌

三、实验内容

教师将整副扑克牌交给学生，由学生切牌，将切好的扑克牌第一张翻出，教师报出底张扑克牌的花色和点数。

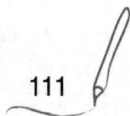

四、实验原理

一副扑克共五十四张牌，除去大王、小王两张牌，其余五十二张牌由黑桃、红心、梅花、方片四个花色十三张点数一样的牌组成，各花色可以根据一定顺序进行排列，那么可以随机抽取一张牌而算出前后牌的花色。排列好花色次序后，将点数递增（或递减）方式排列进花色中，A 为 1 点，J、Q、K 分别为 11 点、12 点、13 点。递增点数可以大点以达到迷惑的作用。

例如，花色次序为：黑桃、红心、梅花、方片；点数递增为 4；点数大于 13 时减去 13。列表如表 8 - 1 - 1 所示。

表 8 - 1 - 1

组＼花色	黑桃	红心	梅花	方片
1	1	5	9	K (13)
2	4 (17 - 13)	8	Q (12)	3 (16 - 13)
3	7	J (11)	2 (15 - 13)	6
4	10	1 (14 - 13)	5	9
5	K (13)	4 (17 - 13)	8	Q (12)
6	3 (16 - 13)	7	J (11)	2 (15 - 13)
7	6	10	1 (14 - 13)	5
8	9	K (13)	4 (17 - 13)	8
9	Q (12)	3 (16 - 13)	7	J (11)
10	2 (15 - 13)	6	10	1 (14 - 13)
11	5	9	K (13)	4 (17 - 13)
12	8	Q (12)	3 (16 - 13)	7
13	J (11)	2 (15 - 13)	6	10

然后，抽取任意一张牌，例如梅花 7，那么下一张牌为方片 J。

牌的规律就是花色 +1，循环；点数 +4，过 13 减 13。当然，也可以递减，减的数可以根据需要设定。运用的是一个数学的技巧魔术。

五、实验步骤

准备步骤：

（1）将大王、小王从扑克牌中去除；

（2）根据上述实验原理，设置一套花色点数规律，排列扑克牌。

演示步骤：

（1）强调学生仔细观看魔术实验并发现它的问题；

（2）将预先准备好的扑克牌让学生看一遍它的花色点数和排列，并声明这是一副杂乱的扑克牌；

（3）请学生切牌，可以请一个学生切几次，或者请多个学生切一次；

（4）将底牌交给学生；

（5）翻开顶牌，报出底牌花色和点数，验证是否与学生保管的底牌的花色和点数一致。

六、注意事项

（1）事前准备好的扑克牌不能洗牌，只能切牌（将牌切成两份调换上下位置），而且切牌次数不宜过多，3次左右；

（2）魔术是一种表演方式，演示这个魔术实验，必须配合教师的演技和心里暗示，例如，将事先准备好扑克牌展示给学生看的时候要不断暗示这是一副混乱的扑克牌；在读取底牌花色点数时，可以加一下"神秘"的动作之类的。

七、实验小结

魔术表演不是目的，实验才是目的，不能喧宾夺主。因此，在揭秘点评的时候很重要，教师要正确引导学生的思维。

实验步骤中演示步骤第二步可以在揭秘的时候多演示几次，引导学生发现问题，一般来说，对于点数由于数字牌有十三张之多，排列规律要推敲，短时间内，极少有学生会觉察出问题；但是对于花色而言就相对简单了很多，只有四种花色，并且还是不断重复，短时间内还是会有一部分学生会发觉出异样的；而对于颜色来说这个应该是最容易被发现的，一直是黑红两色的交替出现，相当一部分学生能发现问题；教师在揭秘的时候要充分引导学生发现问题，并且要让学生明白观看实验与观察实验的区别。

另外，让学生明白"声明"必须要持慎重态度，不能不信也不能全信。在整个魔术过程，事先给学生展示扑克牌的时候，"这是一副杂乱的扑克牌"的"声明"麻痹和放松了学生的观察和思考能力，要让学生明白"尽信书不如无书"的道理。

实验步骤中演示步骤第三步，要提出问题，为什么教师是要切牌而不是洗牌，让学生去思考既然是一副"杂乱"扑克，为什么不能洗牌而是切牌，洗牌以后会怎样。

案例二　扑克牌心电感应实验

扑克牌心电感应实验是教纲里面没有的实验，将此实验引入中小学科学实验是一次课堂实验的革新。魔术教学介绍在第四篇第四章有详细的介绍。本次引入的扑克牌魔术实验属于道具魔术。

一、实验目的

1. 锻炼学生在实验中的观察能力
2. 锻炼学生在实验中的思考能力
3. 使学生了解对比实验的作用
4. 是学生了解归纳总结在实验中的作用
5. 在教学实验中引入魔术，活跃课堂氛围
6. 使学生树立正确的科学观念

二、实验器材

一副钓鱼扑克牌（8068 新二代；背面图案一条鱼）

一副姚记扑克牌（NO.975；背面图案虎头）

或者准备其他至少两副扑克牌，要求：扑克背面图案是不对称的，一种扑克背面图案有明显区别的，另外一种扑克背面图案没有明显区别的。

三、实验内容

将一副新的扑克牌清洗好后，由学生抽取一张（或者多张扑克牌）并将其花色点数记住，放回到扑克牌堆中。接着，多次清洗扑克牌（可以由学生清洗扑克牌），然后再取出先前学生抽取过的一张（或者多张）扑克牌，以此来验证教师具有的"心电感应能力"。

四、实验原理

选取的扑克牌并不是魔术扑克牌，而是普通的扑克牌，并且没有动过手脚的。大多数普通扑克牌的背面图案上下部分和左右部分是完全对称的（如图8-2-1所示），或者是斜对角图案是对称的（如图8-2-2所示）。对于这样的扑克牌，只看背面图案，再转动180度观看，两者是完全相同的。但是，还是有一部分普通扑克牌的背面图案并不是完全对称的（如图8-2-3所示），这样的扑克牌，将其转动180度后，可以发现前后图案很明显是有所区别的，而这次的实验就是利用扑克牌这样的区别来实现的。

图8-2-1 完全
对称扑克背图

图8-2-2 斜对称
扑克背图

图8-2-3 不对
称扑克牌背图

五、实验步骤

（1）将一副全新的钓鱼扑克牌或者一副姚记扑克牌（背面图案碎纹）拆开，将里面的牌清洗一遍（可以由学生清洗牌），并强调这是一副普通的、全新的扑克，并且强调自己会心电感应的能力。

（2）请一位学生随机抽取一张扑克牌，展示给全班同学看，并要求记住花色点数。

（3）将抽取的牌塞回牌堆里，再清洗（也可以由学生清洗牌），可以多次清洗。

（4）教师将那张被抽取过的扑克牌抽出，展示给学生看，验证是否是那张被抽取过的扑克牌。

六、注意事项

（1）如果是一副全新的扑克牌，可以直接洗牌，因为新的扑克牌背面图案是一致的；如果是一副用过的扑克牌，事先要将所有扑克牌背面图案排列方向一致。

（2）洗扑克牌，可以是任意方式洗，但是必须保证所有扑克牌背面图案都是同方向洗。

（3）魔术是一种表演方式，演示这个魔术实验，必须配合教师的演技和心理暗示，尽可能地用言语表达暗示自我的心电感应能力。

七、实验小结

魔术表演不是目的，实验才是目的，不能喧宾夺主。因此，在揭秘点评的时候很重要，教师要正确引导学生的思维。

在揭示魔术的原理时，教师不要急于直接说明，可以用另外一副扑克牌做一样的魔术展示。可以用姚记扑克牌做魔术。

图 8 - 2 - 4 和图 8 - 2 - 5 是同一个魔术用不同的扑克牌展示的大致效果图。可以仔细观察两者的区别。一般情况下，图 8 - 2 - 5 更容易被学生所发现图案与抽牌的关系（即牌的图案放置不同于其他图案的，就是被抽过的牌），两个图中都是左上角的牌放置图案不同于其他牌的图案放置。可以发现两副扑克牌的背面图案放置方式不同，不同之处就是一个图案比较小、一个比较大，对于大的图案，学生会更容易发现其中的端倪。

图 8 - 2 - 4　钓鱼扑克牌魔术演示效果

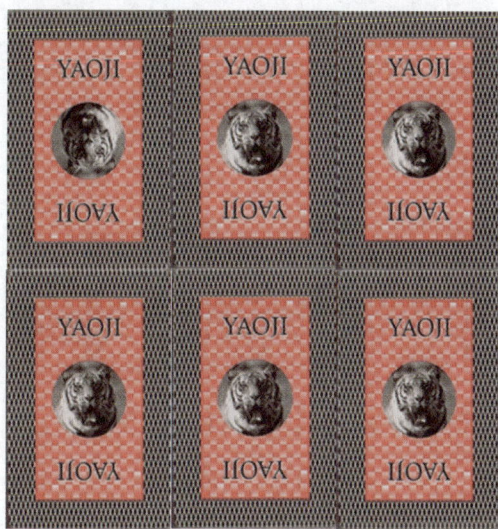

图 8 - 2 - 5　姚记扑克牌魔术演示效果

这样的魔术揭示是其中的一个方法，还有一个方法就是推论法。

不必使用姚记扑克牌，继续使用钓鱼扑克牌，揭示的办法就是请多位同学上台表演，每人分发不一样牌数的扑克牌（比如分发 2 张、4 张、6 张、8 张、10 张牌，或者分发 2 张、4 张、9 张、16 张牌）将各位学生的扑克牌分摊在桌面上让学生互相观察，然后继续魔术，等完成实验步骤（3）以后，仍然将扑克牌分摊在桌面上，让学生互相观察，然后，依次从牌数少的一堆扑克牌中完成实验步骤（4）。

117

最后，引导学生自己揭示魔术的奥秘。

这样的魔术演示就是要告诫学生，实验观察要入微、仔细，不能一眼带过，要比对、观察和思考。

另外，让学生明白"声明"必须要持慎重态度，不能不信也不能全信。在整个魔术过程，教师的"会心电感应"的"声明"麻痹和放松了学生的观察和思考能力，要让学生明白"尽信书不如无书"的道理。

实验步骤中演示步骤第（3）步，要提出问题，为什么教师会如此洗牌，让学生去思考真正的任意洗牌后会怎样。

案例三　硬币消失实验

硬币消失实验是教纲里面没有的实验，将此实验引入中小学科学实验是一次课堂实验的革新。魔术教学介绍在第四篇第四章第二节有详细的介绍。本次引入的扑克牌魔术实验属于道具魔术。

一、实验目的

1. 锻炼学生在实验中的观察能力
2. 锻炼学生在实验中的思考能力
3. 在教学实验中引入魔术，活跃课堂氛围
4. 了解磁石（磁铁）的基本性质
5. 使学生树立正确的科学观念

二、实验器材

一次纸杯一个
一次性塑料杯一个（透明）
硬币一枚
强力磁戒一枚

三、实验内容

将磁戒戴在一只手的手指上，将磁戒靠着纸杯的底部，然后将硬币扔进纸杯中。用另外一只手盖住杯盖，确定磁戒吸住硬币，接着将杯子翻转过来，杯口朝下，将盖住杯盖的手放掉，硬币就这样凭空"消失"了。在揭秘魔术原理的时候，将纸杯换成透明的塑料杯子再操作一次。

四、实验原理

磁铁能够产生磁场，具有吸引铁磁性物质如铁、镍、钴等金属的特性。而我国现行流通的硬币大部分为新版的菊花一元（钢芯镀镍）、荷花五角（钢芯镀铜）、兰花一角（不锈钢，2003 年前为铝质）；还有一部分为旧版的牡丹一元（钢芯镀铜）、梅花五角（铜质）、菊花一角（锌铝合金），因此，除了铝质、铜质、锌铝合金外，其他硬币都可以被磁戒吸引。

当硬币放入纸杯内，倒置纸杯后，纸杯内的硬币被磁戒吸住，不会掉落出来，纸杯不是透明的，被吸住的硬币不会被看到，这样就造成了硬币凭空消失的假象。当教师示意将硬币变回来时，只要将戴着磁戒的手指松动不贴着纸杯底，那么硬币就脱离磁戒吸引，掉落下来。

五、实验步骤

（1）在实验前先佩戴好磁戒。

（2）实验器材交给学生检查，确定纸杯和硬币都没有问题，硬币可以由学生提供。

（3）用佩戴磁戒的手托住纸杯底部。

（4）将硬币丢入纸杯内，晃动纸杯，使硬币与纸杯壁碰撞发出声音，以示硬币确实在纸杯内。

（5）将佩戴磁戒的指头靠近纸杯底部，使磁戒吸住硬币，用另

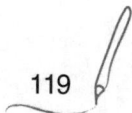

外一只手盖住纸杯口，将纸杯倒置。

（6）教师配合言语，以表明硬币已经"消失"，接着将盖住纸杯口的手松开，然后将松开的手展示给学生看，晃动纸杯，确定硬币确实已经"消失"。

（7）请一位同学上台，让他将手放在倒置的纸杯口下方，教师在配合言语，暗示硬币将会从纸杯内出现，然后将戴有磁戒的手指松开，硬币掉在学生的手中。

（8）引导学生思考这个魔术的原理。

（9）将纸杯换成透明的塑料杯子再来一次魔术实验。

六、注意事项

（1）磁戒必须要选磁性强的，越强越好，确保实验过程中不会出现硬币因为磁性不足而脱落的事情发生。

（2）硬币从学生手中选取时，可以由多个学生提供硬币，以免一个学生只能提供铝质、锌铝合金或者铜质硬币，使魔术实验无法继续。

（3）本次实验使用的纸杯是用来障眼的，因此，为了说明纸杯内的硬币的存在和消失，不能将纸杯内的情况展示给学生看，只能晃动纸杯以声音判断纸杯内有无硬币。

（4）将硬币变回时，戴有磁戒的指头松动动作不能过大，可以用大动作来掩饰，比如用另外一只手轻拍戴着磁戒的手。

（5）强力的磁戒对电子产品会有一定的损伤，因此，使用和保管强力磁戒要远离电子产品。

七、实验小结

硬币消失魔术是魔术中最经典的案例，而磁铁的吸引铁磁性物质的科学原理在很多魔术中都在被使用。本次魔术实验可以作为小学科学实验的演示实验，来验证磁铁能够产生磁场，具有吸引铁磁性物质如铁、镍、钴等金属的特性。也可以作为初中科学实验的演示实验来锻炼学生在实验中的观察能力、思考能力和科学假设能力。

本次的魔术实验使用的器材简单、运用的科学原理简单、实验现象明显，非常适合于科学实验课堂教学的演示实验。

案例四　水中分沙实验

一、实验目的

1. 锻炼学生在实验中的观察能力
2. 锻炼学生在实验中的思考能力
3. 在教学实验中引入魔术，活跃课堂氛围
4. 了解疏水性基本性质
5. 使学生树立正确的科学观念

二、实验器材

三种颜色特殊的沙子（做过疏水性处理）
浑水剂一包
大的玻璃缸（鱼缸）
水

三、实验内容

将三种颜色的沙子依次放入水中，将水搅浑，然后将三种颜色的沙子依次从水中取出，可以发现三种沙子没有混在一起，而且是全干的，没有湿的。

四、实验原理

疏水性分子偏向于非极性，并因此较易溶解于中性和非极性溶液（如有机溶剂）。疏水性分子在水里通常会聚成一团，而水在疏水

性溶液的表面时则会形成一个很大的接触角而成水滴状。

　　三种颜色的所有沙子的表面都进过疏水性物质处理，因此，这三种沙子属于疏水性物质。疏水性物质是不溶于水也不跟水接触的，所以，三种沙子放入水中后会聚成一团不会被水打湿，将沙子取出后自然不会有水，是干的；而在放置三种沙子时，将三团沙子分开放入水中，三者之间不接触，由于水的疏水性，三种沙子自我聚成一团而不会掺杂在一起。

　　只要用浑水剂将水变成浑浊，那么放入水中的沙子就不会被看到变成一团或混杂在一起（见图8-4-1）。

图8-4-1　水中分沙　三色沙子和浑水剂

五、实验步骤

　　（1）将水倒入大玻璃缸内，确定水、大玻璃缸和沙子没有问题。

　　（2）将浑水剂握在手中，在检查水没有问题时，趁机将其溶在水中，使水变浑浊。

　　（3）然后，将沙子紧握手中，放入水中，在水面搅拌几下，不动及水下的沙子，依次将三种沙子放入水中，不要混在一起。

　　（4）然后，依次将水中的沙子取出，取出时展示给学生看沙子是干的，并且三种颜色的沙子没有相互混杂。

（5）引导学生思考。

（6）将大玻璃缸的水换成澄清的，然后按照上述实验步骤（除去第（2）步走以外），再演示一次本魔术实验。

六、注意事项

（1）沙子属于亲水性物质，而本次的魔术实验的沙子表面做过疏水性物质处理，因此，将它放入水中的景象会是疏水性物质表现出来的特性，如果水是澄清的，那么，将沙子放入水中就会被学生发现端倪，无法进行后面的操作，所以，要在沙子放入水中前，将浑水剂溶入水中，使水变浑浊或者变色。

（2）将浑水剂溶入水中，是不能被学生发现的，这个过程教师可以使用心理暗示，暗示自己的能力，比如"魔手""神奇的手"，要能将水变浑浊或者变色的现象"解释"清楚。

（3）将沙子放入水中必须要双手握紧伸入水中，然后松手。魔术实验中使用的沙子比较细小，而且表面做过疏水性物质的处理，如果直接将沙子倒入水中，可能会造成沙子浮在水面上，不会下沉，另外如果将沙子倒入水中，三种颜色的沙子可能会混杂在一起，无法做到水中分沙，因此，沙子放入水中必须要双手握紧伸入水中，然后松手，放置三种沙子的位置要保持一定的距离，防止混杂。

七、实验小结

日常生活中，经常会涉及防水物质或者防水处理的字眼，也会经常碰到一些水浸而不湿的物质，比如，雨衣（蓑衣）、油纸等。这些都是疏水性物质或者是表面做过疏水性物质处理的。这些东西无法被水打湿和浸泡。

本次实验就是应用了疏水性处理过的沙子和障眼的方法来实现魔术效果的。

第九章

演示实验案例

案例一 蜡烛复燃改进实验一

一、实验目的

初中科学实验中有一个有关蜡烛复燃的实验：将蜡烛熄灭，蜡烛芯会飘起一阵白色烟雾，用火柴接触这阵白色烟雾，蜡烛重新被点燃，而火柴并未接触到蜡烛芯。证明的是，燃烧的是蜡烛油而不是棉芯。

但是，这个实验并不是这么好操作，或者说不是那么容易被学生所观察：①蜡烛被吹灭后，飘起一阵白色烟雾在熄灭的短时间内可以被复燃，过了这个时间就不容易被复燃，时间短，要求速度要快；②正是由于时间短、动作快，造成学生可能没有看到实验过程；③失败的概率高。基于以上几种情况将这个实验进行改进。

二、实验器材

蜡烛
火柴
铁架台
啤酒瓶盖子（或者其他金属制的小盖子）

三、实验内容

将从蜡烛上刮下来的蜡烛油放置在金属小盖子里，由蜡烛将它熔化并使其不断蒸发，当金属小盖中的蜡烛油蒸发的量达到稳定的时候，移除下端燃烧的蜡烛，用火柴接触蒸发的蜡烛油，使金属小盖子着火。

四、实验原理

蜡烛复燃实验证明的是燃烧的是蜡烛油而不是棉芯。但是由于棉芯燃烧引起的蜡烛油蒸气很少，所以，蜡烛被吹灭后，飘起一阵白色烟雾在熄灭的短时间内可以被复燃，一旦时间过去，蜡烛油蒸气浓度不足就无法实现复燃的现象。

本次实验的改进，就是利用烧沸蜡烛油，形成大量的蜡烛油蒸气，使蜡烛油被明火点燃的时间更充裕，点燃的高度更高。使学生能在更充裕的时间里观察蜡烛油被点燃的情况（见图 9 - 1 - 1）。

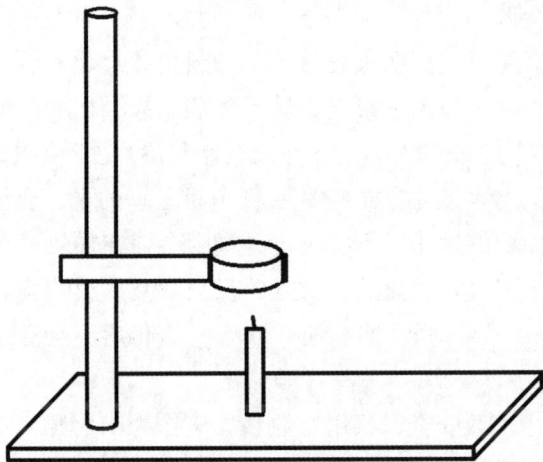

图 9 - 1 - 1　蜡烛复燃实验改进实验示意图

五、实验步骤

（1）清理金属制小盖子内侧的杂物（如果使用啤酒瓶盖子或者金属制的饮料瓶盖子，务必要清理干净盖子内侧的塑料垫片），不要有其他杂物，以免影响实验现象和结果。

（2）将蜡烛油（固态）放置在金属制小盖子内，可以用硬物刮蜡烛侧面取蜡烛油（固态）。

（3）用铁架台的夹子固定金属制小盖子在铁架台上。

（4）点燃蜡烛，并放置在金属制小盖子下方，使金属制小盖子内的蜡烛熔化并蒸发。

（5）当金属制小盖子上方的白色烟雾产生的量稳定的时候，熄灭或者移除金属制小盖子下方的蜡烛。

（6）点燃火柴，使其接触金属制小盖子上方的白雾，并慢慢靠近金属制小盖子，当到达某一位置时，金属制小盖子会被点燃，移除火柴，金属制小盖子继续燃烧，直到金属制小盖子内的蜡烛油（液态）燃烧殆尽。

六、注意事项

（1）金属制小盖子内侧的杂物必须清除干净，如果是使用啤酒瓶盖子或者金属制的饮料瓶盖子，务必要清理干净盖子内侧的塑料垫片，如有必要可以用明火先将这个塑料垫片烧化去除。如果这个塑料去除不干净，会大大影响实验现象和结果，比如，熔化蜡烛油的时候会有黑色的烟雾出现，这个就是塑料垫片去除不干净造成的。

（2）放入金属制小盖子的蜡烛油（固态）的量，应该根据金属制小盖子底面积的大小，不宜过少，过少会使在加热过程中蒸发完蜡烛油，或者在去除明火后，白雾的量会骤减，影响实验现象和结果；可以多放一点，只要蜡烛油（固态）熔化后不会溢出金属制小盖子就可以。

（3）为了实验安全，只用蜡烛和火柴作为明火源，不要使用酒精灯或者酒精喷灯作为明火源。

（4）铁架台的夹子必须固定住金属制小盖子，防止金属制小盖子在加热中侧翻。

（5）蜡烛加热金属制小盖子时，直接加热就可以不要使用石棉网等隔离。

（6）在"移除金属制小盖子下方的明火"和"点燃火柴，使其接触金属制小盖子上方的白色烟雾，并慢慢靠近金属制小盖子"这两步直接动作要快，不能太耗时，尤其是金属制小盖子底面积比较小的情况下。金属制小盖子下方的明火一移除，其上方的白雾的量就已经开始减少，它盛着的蜡烛油（液态）是靠着余热在蒸发，动作太慢会使实验失败。

七、实验小结

这是一个小小的实验创新改动实验。蜡烛的一系列实验一直以来都是作为化学和物理的经典实验被研究，即使在当下，蜡烛的一些其他实验还是被很多高校和研究院所研究。初中的这个蜡烛复燃实验真正的目的一是为了证明蜡烛是靠蜡烛油来燃烧的，二是为证明蜡烛油（气态）是可以被点燃的，并且是可以接连被燃烧的。

然而，受限于实验本身的影响，操作紧，失败多，学生观察不易，使这个实验的演示性大大下降。本次这样的实验改动，虽然蜡烛并没有真正参与复燃，却保证了蜡烛复燃的实验目的，并且适当地放缓了操作，大大提高了实验的成功率，方便了学生的观察，真正实现了蜡烛复燃实验的目的。因此，这样的改进也算是成功地针对实验目的的实验设计方面的改进。

案例二　蜡烛复燃改进实验二

一、实验目的

初中科学实验中有一个有关蜡烛复燃的实验：将蜡烛熄灭，蜡烛芯会飘起一阵白色烟雾，用火柴接触这阵白色烟雾，蜡烛重新被点燃，而火柴并未接触到蜡烛芯。证明燃烧的是蜡烛油而不是棉芯。

但是，这个实验并不是这么好操作，或者说不是那么容易被学生所观察：①蜡烛被吹灭后，飘起一阵白色烟雾在熄灭的短时间内可以被复燃，过了这个时间就不容易被复燃，时间短、要求速度要快；②正是由于时间短、动作快，造成学生可能没有看到实验过程；③失败的概率高。基于以上几个情况，并为了更加突出和放大实验现象和实验结果，融合了油锅起火原理和尘爆原理，将这个实验进行了相应的修改和改进。

二、实验器材

蜡烛

火柴

烧杯

铁架台

水

报纸

啤酒瓶盖子（或者其他金属制的小盖子）

三、实验内容

将蜡烛上刮下来的蜡烛油放置在金属小盖子里，由蜡烛将它熔化并使其不断蒸发，当金属小盖的蜡烛油蒸发的量达到稳定的时候，用手指蘸水并将水甩到金属制小盖子中，促使金属制小盖子被引燃。

四、实验原理

蜡烛复燃实验证明的是燃烧的是蜡烛油而不是棉芯。但是由于棉芯燃烧引起的蜡烛油蒸汽很少，所以，蜡烛被吹灭后，飘起一阵白色烟雾在熄灭的短时间内可以被复燃，一旦时间过去，蜡烛油蒸气浓度不足就无法实现复燃的现象。

这次实验的改进融合了油锅起火原理，使实验现象和结果更加突出和震撼。

生活中炒菜常识的运用：日常生活中，如果喜欢爆炒烧菜的人，应该会有很大的概率碰到油锅起火的事情。油锅起火分为两种情况，一种是烧菜油锅温度过高，使油自燃着火；另外一种是烧菜的时候，在颠勺的时候，锅下面的明火接触到油蒸气颗粒，引燃油蒸气，使油锅着火。油锅起火，烧的不是锅也不是锅里的菜，而是食用油在燃烧。用明火是很难点燃食用油的，但是在爆炒烧菜时，因为锅的温度使部分食用油气化，同时被气化的食用油会在空气中凝结成食用油小液滴，这个时候一旦碰到明火就会点燃空气中的食用油小液滴，从而使油锅着火。

本次使用的是第二种情况的火锅起火原理。用一些器件器材将蜡烛油燃烧模拟成一个油锅起火的现象，来证明燃烧的蜡烛油（见图9－2－1）。

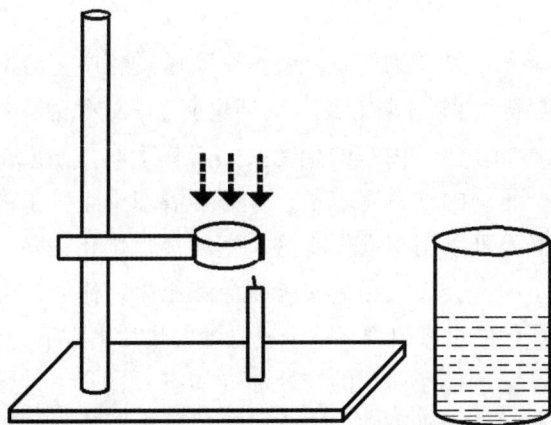

图9－2－1　蜡烛复燃改进实验——蜡烛模拟油锅起火实验示意图

五、实验步骤

（1）将报纸铺好在讲桌上，然后，再放上铁架台。

（2）清理金属制小盖子内侧的杂物（如果使用啤酒瓶盖子或者金属制的饮料瓶盖子，务必要清理干净盖子内侧的塑料垫片），不要有其他杂物，以免影响实验现象和结果。

（3）将蜡烛油（固态）放置在金属制小盖子内，可以用硬物刮蜡烛侧面取蜡烛油（固态）。

（4）用铁架台的夹子固定金属制小盖子在铁架台上。

（5）点燃蜡烛，并放置在金属制小盖子下方偏向（不能在正下方，蜡烛烛火使用中焰对金属制小盖子加热），使金属制小盖子内的蜡烛熔化并蒸发。

（6）当金属制小盖子上方的白色烟雾产生的量稳定的时候，将多根手指浸入烧杯的水中，然后，在金属制小盖子上方猛甩手指，使水珠落入金属制小盖子里，同时迅速收回手指。此时，金属制小盖子上方会腾起一个火球并伴随"吱吱"的爆鸣声。

（7）如果并未产生这个实验现象，可以重复上一步，但是必须保证金属制小盖子的蜡烛油分量足够，如不足，应当及时补充。

六、注意事项

（1）实验前必须要铺好报纸，整个实验过程中，会造成蜡烛油（液态）的飞溅，如果不铺报纸，会使桌面布满蜡烛油，不易清理。

（2）金属制小盖子内侧的杂物必须清除干净，如果是使用啤酒瓶盖子或者金属制的饮料瓶盖子，务必要清理干净盖子内侧的塑料垫片，如有必要可以用明火先将这个塑料垫片烧化去除。如果这个塑料去除不干净，会大大影响实验现象和结果，比如，熔化蜡烛油的时候会有黑色的烟雾出现，这个就是塑料垫片去除不干净造成的。

（3）放入金属制小盖子的蜡烛油（固态）的量，应该根据金属制小盖子底面积的大小而定，不宜过少。过少会使加热过程中蒸发完蜡烛油，无法继续接下来的实验；但是也不宜过多，过多会使甩水过程中造成大量蜡烛油飞溅，或者引起的燃烧火球过大，造成实验安全隐患。一般放置的蜡烛油（液态）的量为金属制小盖子的三分之一左右。

（4）为了实验安全，只用蜡烛和火柴作为明火源，不要使用酒精灯或者酒精喷灯作为明火源。一旦发生意外，烧杯中的水可以直接扑灭明火，但是如果使用了酒精灯或者酒精喷灯，扑灭明火就比较棘手。

（5）铁架台的夹子必须固定住金属制小盖子，防止金属制小盖子在加热和甩水操作中侧翻，影响实验的操作。

（6）蜡烛加热金属制小盖子时，直接加热就可以，不要使用石棉网等隔离。

（7）蜡烛放置的位置。蜡烛放置在金属制小盖子下方，并且要有一定的偏向，并且要使用蜡烛的中焰对金属制小盖子加热。可以对比图 9 - 1 - 1 和图 9 - 2 - 1 两者的蜡烛摆放的不同，对于案例一而言，即图 9 - 1 - 1 中，蜡烛要放置在金属制小盖子正下方，使用蜡烛外焰对其加热，因为它的实验要求不需要蜡烛油蒸气颗粒接触明火，使用外焰加热更快；而本次实验需要蜡烛油蒸气颗粒接触明火，如果金属制小盖子底面积较大，那么蜡烛油蒸气颗粒就很难接触到明火，使实验达不到预期效果，而对于中焰加热，是为了让外焰能有机会接触蜡烛油蒸气颗粒。

（8）手指蘸水的量不宜过多，过多会在甩水的时候直接使金属制小盖子内的蜡烛油（液态）重新凝固，达不到实验效果。

（9）手指蘸水后，甩水的方向应该从金属制小盖子的正上方往下甩，如图 9 - 2 - 1 中三个黑色箭头所示方向甩水。蜡烛油的密度要比水小，因此，在甩水的时候，水接触到金属制小盖子内的液态蜡烛油后，会引起蜡烛油的飞溅，飞溅的蜡烛油会与下方的明火接触，从而点燃金属制小盖子内的蜡烛油蒸气颗粒。如果成角度从上往下甩水，会使蜡烛油朝反方向飞溅得更远，这样的话，一是不安全，二是明火接触蜡烛油的概率变小。甩水绝对不能对着学生方向，防止造成人身意外。

（10）金属制小盖子的大小不宜过大，过大腾起的火球也会大，会使操作的教师有被烧伤的危险，最好选取啤酒瓶盖子大小为宜。

（11）前排学生和教师必须佩戴护目镜和口罩，做好安全预防工作。

（12）实验是存在一定的失败情况，一般失败都在甩水的步骤上，在演示本实验前，教师应该多试几次，抓住其中的窍门。

七、实验小结

这是一个创新改动实验。蜡烛的一系列实验一直以来都是作为化学和物理的经典实验被研究，即使在当下，蜡烛的一些其他实验还是被很多高校和研究院所研究。初中的这个蜡烛复燃实验真正的目的一是为了证明蜡烛是靠蜡烛油来燃烧的，二是要证明蜡烛油（气态）是可以被点燃的，并且可以接连地被燃烧。

然而，受限于实验本身的影响，操作紧、失败多，学生观察不易，使这个实验演示性大大下降。本次这样的实验创新改动，起源于日常生活中爆炒菜中油锅着火的启发。食用油和蜡烛油在燃烧上有很多相似的地方，而在古代，食用油中的菜油也曾一度作为照明燃油在使用，因此，在这次的实验创新改进中用蜡烛油套用油锅着火的原理未尝不可，而且，就实验现象来说更能吸引学生的注意力，更具有魔幻性。

油锅着火是一件危险的事情，因为燃烧的油锅是无法用水来浇灭的，原因是燃烧的食用油会漂浮在水上。但是，用蜡烛模拟油锅着火实验确实安全的，因为，虽然蜡烛的密度一样比水小，但是熔点低，蜡烛油着火后是可以用水浇灭的、是比较安全的，而在注意事项中提到的一系列问题都是可以避免的，并不存在大的安全隐患。因此，这个实验是可以作为课堂演示实验来操作的。

虽然，蜡烛并没有真正参与复燃，确保了蜡烛复燃的实验目的，并且，更加凸显出实验现象，大大地提高了实验的成功率，方便了学生的观察，甚至是吸引学生上课的注意力，真正实现了蜡烛复燃实验的目的，因此，这样的改进也算是成功地针对实验目的而进行的实验设计方面的改进。

案例三　验证人体是导体的实验

一、实验目的

1. 探究提供的事物哪些是导体，哪些是绝缘体
2. 验证人体是否是导体
3. 探讨导体的特性
4. 用最直观的方式区分事物是导体还是绝缘体
5. 引申人体导体的特殊性

二、实验器材

有源音箱一个

双头鳄鱼夹测试线一对

硬币一枚

棉绳一根

木条一根

移动电源一个（由有源音箱的供电方式决定是否使用）

三、实验内容

将有源音箱的一根音频线剪断，断的两端分别连上双头鳄鱼夹测试线。打开有源音箱，用两端的鳄鱼夹分别夹住待测物和人体，使音箱电路形成回路，然后依据音箱是否发出声音来判断两端的鳄鱼夹夹住的待测物和人体是导体。

四、实验原理

有源音箱（active speaker）又被称为"主动式音箱"。通常是指带有功率放大器的音箱，如多媒体电脑音箱、有源超低音箱，以及一些新型的家庭影院有源音箱等。有源音箱由于内置了功放电路，使用者不必考虑与放大器匹配的问题，同时也便于用较低电平的音频信号直接驱动。

本次实验正式运用有源音箱的较低电平的音频信号可直接驱动音箱工作的特性，用音频信号线来连接测试物，查看音箱是否工作来验证测试物是否是导体。只要测试物是导体，尽管阻值比较大，能大大降低音频信号，但是由于有源音箱的特性，照样可以驱动音箱工作。这就解决了如何直观、安全、有效地验证人体属于导体的问题（见图 9 - 3 - 1）。

图 9 - 3 - 1 一对双头鳄鱼夹测试线（红黑色）

五、实验步骤

（1）将有源音箱的一根音频线剪断，然后，将剪断后的两个断头拔出铜线，如图 9－3－2（B）所示。

（2）用红色双头鳄鱼夹测试线的一端鳄鱼夹夹住一个断头铜线，用黑色双头鳄鱼夹测试线的一端鳄鱼夹夹住另外一个断头的铜线，如图 9－3－2（C）所示。

（3）将有源音箱的音频插头插入音源（如手机、MP3 等），打开音频文件播放音乐。

（4）将红色双头鳄鱼夹测试线和黑色双头鳄鱼夹测试线悬空的一头鳄鱼夹相互夹住，使音箱能正常播放音源的音乐。

（5）松开相互夹住的鳄鱼夹子，音箱停止工作，依次用鳄鱼头夹子夹住测试物的两端，从音箱是否工作的状态来判断测试物是否是导体。

（6）用人体的双手接触红色双头鳄鱼夹测试线和黑色双头鳄鱼夹测试线，察看音箱是否能正常工作，以此来判断人体是否是导体。

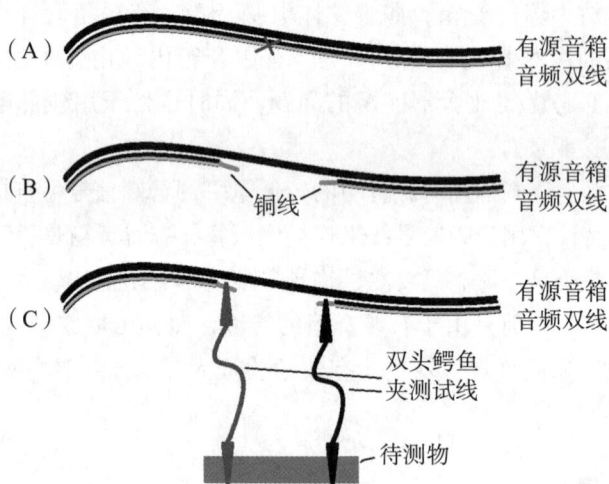

图 9－3－2　实验步骤示意图

六、注意事项

（1）一般的有源音箱有两组线：一组电源线，一组音频线，剪线前必须要判断准确，千万不能将电源线剪断。

（2）有源音箱一般会有单独的电源供电，供电方式一般分为三种：干电池供电、USB 电源供电和市电交流电供电。一般采用前两者供电的有源音箱，一是为了方便，二是为了安全；USB 供电的有源音箱用移动电源供电（充电宝）。市电交流电供电的有源音箱移动不方便，必须要有市电插座才能工作。

（3）作为演示实验，为了方便学生会观察音箱工作状态，实验前将音箱的音量调到最大，整个实验过程不要再去调音量。

（4）音箱连接的音源最好是小巧或者移动方便的，如手机、MP3、平板电脑等，不要使用电脑等移动不便的作为音源，这样会大大降低这个实验装置的灵巧性，显得笨拙，不便搬移和展示。

七、点评

对于人体而言，属于导体，但是由于阻值较大，往往被学生认为是绝缘体，验证起来比较麻烦。而对于一些低阻值的导体，验证起来比较简单直接，可以用灯珠回路连接测试物，看灯珠是否工作就可以判断，然而人体电阻较大，大大降低了回路的电流，无法驱动灯珠工作。而其他方法，如万用表直接测量人体电阻值，又不够直观。能够直观被观察到的实验现象，除了视觉外，还有嗅觉、味觉、听觉、触觉。导体属于物理范畴，因此，嗅觉、味觉不适用，导体又属于抽象定义，触觉也不适合，因此，剩下的能直观被观察到的就只有听觉了。

日常声音中喇叭的音频信号属于电信号，因此，可使用音箱能否正常工作来判断接入音频电路中的物体是否是导体，一般的音箱音频信号的电流和电压都不高，对于人体而言是十分安全的，而有源音箱的特性，使人体能完成传送电信号的可能。所以，本次的实验就采用有源音箱来验证人体属于导体，安全更直观。

另外，在实验中，使用硬币等金属物作为测试物来观察有源音箱的工作，和用人体作为测试物来观察有源音箱的工作的结果是有所不同的。在使用硬币等金属物作为测试物时，有源音箱播放的音量比较大；而用人体作为测试物时，虽然有源音箱一样能正常播放音乐，但是播放的音量明显要小很多。对于这样的实验结果，教师可以进一步阐述其原因：人体和金属物都属于导体，但是阻值要远远大于金属物的阻值，在传播音频信号（电信号或者电流）时，会大大衰减传送量，因此，人体作为测试物，有源音箱播放的音量要明显小很多。

案例四　试管实验

一、实验目的

1. 验证大气压力的存在
2. 验证液体的表面张力的存在
3. 探讨演示仪器的关键因素

二、实验器材

大试管一只
小试管一只
烧杯一只
水
染色剂一瓶或者红墨水一瓶

三、实验内容

将水装入大试管中，然后用小试管塞进大试管中，倒置两个试管可以发现，小试管不但没有滑出大试管外，反而往上爬升到大试管底部，从而证明大气压的存在。

另外，两只试管之间空隙充满水，倒置以后，空气进入不了两试管之间的空隙才能促使小试管在大试管内爬升，从而证明，水的表面是有张力的，它阻止了空气的进入。

四、实验原理

将水倒入大试管，再将小试管塞进大试管内，如图 9 - 4 - 1（B）所示，然后倒置，如图 9 - 4 - 1（C）所示，两试管间充满着水，由于水的表面张力的作用，空气无法进入两试管间的空隙，当大气压对小试管的作用力小于小试管和两试管间的水的重力时，小试管会滑落；当大气压对小试管的作用力与小试管和两试管间的水的重力平衡时，小试管不会滑落；当大气压的对小试管的作用力大于试管和两试管间的水的重力时，小试管会被大气压上推，直到小试管到达大试管底部，如图 9 - 4 - 1（D）和（E）所示。

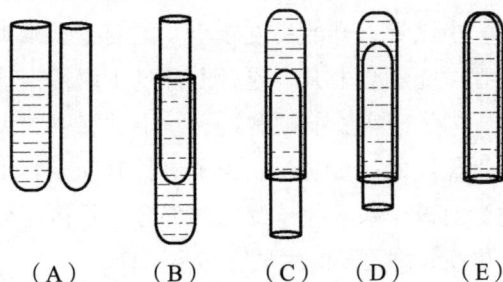

(A)　　　(B)　　　(C)　　　(D)　　　(E)

图 9 - 4 - 1　试管实验现象过程

五、实验步骤

（1）将烧杯中的水倒入大试管中，大概倒到试管三分之二处。

（2）将小试管塞进大试管中，塞进小试管三分之二左右。

（3）一只手托住小试管口子，另一手握住大试管，迅速将它们倒置。

（4）在确保小试管不会掉落的情况下，将托住小试管口子的手松开。

（5）观察小试管，当其上升到大试管底端后，将大试管重新倒置回来。

六、注意事项

（1）本次实验使用的仪器都是玻璃器皿，在使用中，要轻拿轻放，避免各玻璃器皿与其他物体的碰撞，以免发生玻璃器皿破损。

（2）试管大小的选择。作为演示实验，为了让学生看得清楚，一般大试管会选择较大口径，而对于小试管的选择是根据大试管而定的。小试管的口径大小要满足两点：一是要小试管能塞进大试管内；二是塞进大试管后，小试管的外壁和大试管的内壁空隙不能太大，太大的话，在倒置试管时，水的表面张力无法支撑小试管不掉出大试管外。

（3）小试管塞入大试管内的部分大致占小试管长度的三分之二，塞的部分过多，小试管上升的高度较小，不便于学生观察；塞的部分过少，小试管可能不会上升，或者上升过于缓慢，甚至会掉出大试管外。因此，为了使实验能顺利进行，小试管塞入大试管内的部分大致占小试管长度的三分之二。为了更长时间观察小试管的上升过程，可以适当地减少塞入大试管内的部分，具体还需教师自己把控，或者可以更换长度更长的大试管和小试管。

（4）在倒置大小试管时，托住小试管口子的手不能松掉或不托小试管。在倒置的时候，速度有点快，用手托住小试管口子，一是能避免在倒置过程中，将小试管甩出来；二是在大小试管倒置完成后，保护小试管，防止小试管掉出。

（5）当小试管上升达大试管底部时，不能继续倒置太久，否则两试管壁之间的水会继续下落，这样两试管之间会有空气进入，无法使大气压继续托住小试管，造成小试管滑落。

七、实验小结

演示实验仪器不一定要多复杂或者多昂贵，它可以是简简单单又廉价的器材或仪器，只要它能满足教学需要，具有明显的、易观察的实验现象，就能成为很好的演示实验仪器。本实验所用的实验仪器（器材）就是很简单、很常见的玻璃试管、烧杯和水。虽然本实验使用的实验仪器（器材）很简单，但是展现的实验现象却很明显，能很好地给学生展示大气压实验现象。

本次实验可以作为魔术实验展示，也可以作为一般实验展示。如果作为魔术实验展示，水不用染色。如果作为一般实验展示，可以用红墨水对水进行染色，方便学生看到整个变化过程。

第十章

实　　践

实践训练一　模型制作

一、实训目的

1. 提高学生的动手能力

科学教学专业属于师范专业不属于工科专业，虽然也会有相关的实验课程，但是，缺少有关动手方面的实践课程，因此，有必要增强学生的动手能力。

2. 让学生熟悉模型制作，以及提高学生的模型制作能力

绝大多数学生在中小学时，并未接触过有关模型的制作，对于模型以及模型制作都是十分陌生的，而学生今后的工作很可能会涉及中小学学生模型制作的指导，因此，很有必要提高学生这方面的能力。

3. 提高学生的观察能力

模型制作很多时候的仿制制作是没有制作说明的，完全靠个人的观察能力，然后去尝试制作，因此，学生的观察能力在模型制作中也非常重要。

二、实训器材和工具

模型挖掘机一套
502 胶水一瓶（20ml）
风油精一瓶
平锉一把
美工刀一把
镊子一把
剪刀一把

三、实训内容

将模型挖掘机套件（见图 10 - 1 - 1）制作成成品挖掘机（见图
10 - 1 - 2）。可以参考样板挖掘机模型，学生个人把控安装位置。说
明书可以不提供。

图 10 - 1 - 1　挖掘机模型散件

图 10－1－2　制作完成的挖掘机模型

四、实训注意

（1）使用 502 胶水粘模型时，一定要注意安全，千万不能将胶水溅入眼中，如果有条件，可以佩戴个人护目镜。如果不小心将 502 胶水溅入眼中，应当及时报告教师，送医院处理，千万不能搓揉眼睛，502 胶水溅入眼中，会黏住眼睑，形成固体小颗粒，不会对眼球造成伤害，一旦搓揉眼睛，固体小颗粒会挫伤眼角膜，对眼睛造成损伤。

（2）木质散件粘贴时，用手挤压木材时不能过于用力，以免造成木质散件破损，或者错位引起 502 胶水飞溅。

（3）502 胶水在使用时，不能过多，粘贴性能与 502 胶水的多少无关，而是和粘贴面的光滑度有关。

（4）当 502 胶水不小心滴到人体皮肤上，不要马上碰触，以免502 胶水粘贴住碰触物，等其硬化后，用风油精涂抹，使其软化，再用硬物剐蹭。

（5）人体皮肤粘住其他东西，或者人体皮肤相互粘贴在一起（手指粘在一起），千万不能硬拉扯，避免皮肤损伤，使用风油精涂抹粘贴处，使 502 胶水软化后，再慢慢拉扯。

五、实训思考

（1）挖掘机模型是个动态模型，挖斗、伸展臂和支撑臂都可以活动，运用的是什么科学原理？

（2）注射器内用空气和液体（水）有什么区别？

（3）如果注射器内装的是空气应该注意什么？

（4）如果注射器内装的是液体又应该注意什么？

实践训练二　车辆模型制作与比赛

一、实训目的

车辆模型竞赛分为空气动力车比赛、四驱车比赛、遥控车比赛，其中空气动力车比赛很大一部分是跟车模制作有关，四驱车比赛更多地是侧重于车辆组装上，遥控车比赛则更多会受参赛学生对车辆操控的影响。本次实训目的：

1. 让学生了解车辆模型的制作

2. 让学生熟悉车辆模型中空气动力车的制作、比赛规则、比赛内容以及比赛要求

3. 让学生了解四驱车模型

4. 让学生了解遥控车模型

二、实训器材和工具

空气动力车模型一套

502 胶水一瓶

风油精一瓶

平锉一把

美工刀一把

镊子一把

剪刀一把

秒表一个

卷尺一个（10 米以上）

尼龙绳一捆

胶带一个

三、实训内容

1. 空气动力车的制作

（1）用美工刀把所有塑料件上的毛刺去除。

（2）把小车轮插入小车轮支架槽中，对准三个轴孔后把用榔头把短轴敲入孔中，车轮转动要灵活。用螺丝把支架固定在车身上。

（3）把电池片装到电池盒支架上的电池盒中（弹簧在电机一端）。把电动机装入电机架中，在电动机的输出轴装上整流子。

（4）把电池盒支架装到车身上，大小孔要对准、压紧。

（5）剪 2 根长为 27 毫米的牙签，20 毫米一段（从尖端起量）用刀和砂纸削成一个斜面。

（6）按图 10-2-1 的风页样板剪 3 片风页，把它用透明胶带固定在牙签的斜面上。

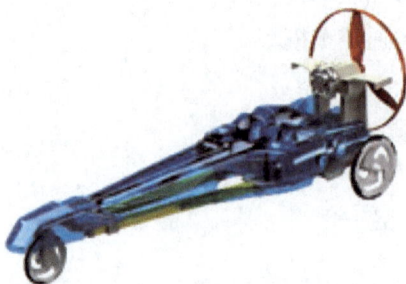

图 10-2-1　空气动力车（直线赛车）

（7）把两片风叶分别对称地（一字形）插入整流子的孔内，风页的角度要一致，与长轴成 30 度角，用 502 胶水加固。

（8）在长轴的一端装上 1 只大车轮，穿入车身支架的轴孔中，在另一端装上另外 1 只大车轮。留 1 毫米左右的轴向间隙，使车轮能灵活转动。

（9）用电线把电动机的两个电极和电池的两个电极分别焊接好。装上电池后，大风叶转动提供。

2. 空气动力车的调试方法

（1）检查前后轮的转动是否灵活，风叶转动时有否碰到各个支架。

（2）装上电池，风叶转动。把小车放在平整的地面上，放手后小车向前行驶。调整小车轮支架的位置，使小车能直线行驶。

（3）小车的行驶方向应该是小车轮在前，大车轮在后。如果方向相反的话只要把电池电极上的电线头交换一下即可。

（4）修正小车，使校车的行驶既直又快。

3. 空气动力车直线车比赛

用尼龙绳、卷尺和胶带布置成一个空气动力车直线赛场，如图 10 - 2 - 2 所示，将制作好的空气动力车在场地中进行模拟比赛。

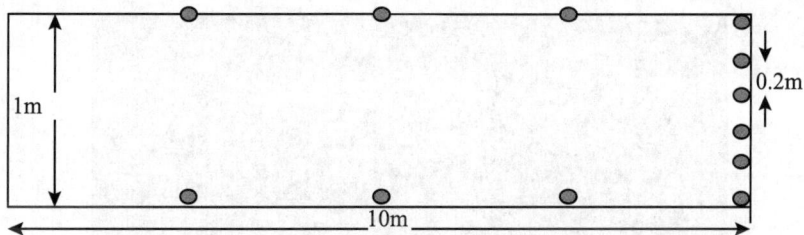

图 10 - 2 - 2　空气动力车直线赛场地

4. 四驱车的认识

学生分组了解和认识四驱车，在简易跑道中让车辆运动（见图 10 - 2 - 3）。

图 10 - 2 - 3 四驱车

5. 遥控车的认识

学生分组，了解和认识遥控车，仔细观察和研究车辆上的各个零件和其功用，了解遥控器上各开关旋钮的作用，使用遥控器简单地完成以下既定动作：车辆静止、车辆自行直线前行（后退）运动、车辆自行小圆周运动、车辆受控转弯运动（漂移）、车辆受控避障碍物（见图 10 - 2 - 4）。

图 10 - 2 - 4 遥控车

四、实训注意

（1）空气动力车制作中使用 502 胶水粘模型时，一定要按照实训一中 502 胶水使用的注意事项。

（2）四驱车和遥控车都是用充电电池供电运行，学生提前领导车辆时必须先充好电。

（3）四驱车是不受控的，为了避免四驱车的撞损，不能在非跑道内启动四驱车。

（4）操作遥控车时，防止恶意破损，防止车辆冲、撞障碍物和车辆。

五、实训思考

（1）空气动力车分为直线赛和圆周赛，研究两者之间的区别。

（2）四驱车如何能在跑道中运行得快而且稳，不翻出跑道？

（3）遥控车为什么使用 2.4G 作为遥控，遥控方式是哪种？

（4）遥控车的零件组合有什么讲究？

实践训练三 航天模型制作——水火箭的制作

一、实训目的

1. 提高学生的动手能力

科学教学专业属于师范专业不属于工科专业，虽然也会有相关的实验课程，但是，缺少有关动手方面的实践课程，因此，有必要增强学生的动手能力。

2. 让学生熟悉和了解水火箭的制作

水火箭是寓教于乐、科技含量高，深受广大青少年喜爱的动手、动脑的科普教材。可以让学生直观地了解导弹、运载火箭的发射升空、回收的过程。导弹的飞行与飞机的飞行原理及不同点。制作简单、材料廉价，制作方式不同效果不同，因此，很多中小学学校都有水火箭制作的课外实验实践，科学教育专业的学生非常有必要熟悉和了解水火箭的制作。

二、实训器材和工具

塑料饮料瓶三个（带盖子，大小要一致）

胶带一个

双面胶一个

厚卡纸若干张

尼龙薄膜一块

棉线一捆

装饰纸若干张

美工刀一把

镊子一把

螺丝刀一把（十字）

水火箭嘴一个（或者气门芯）

发射架一个（或者铁架台和打气筒一个）

三、实训内容

1. 制作火箭体（以 550 毫升装的可乐瓶为例）

（1）制作动力舱。

用一个可乐瓶，这个可乐瓶不能漏气。检测方法：只要对着可乐瓶吹气，气没有泄漏就行，无须加工。

（2）制作火箭头。

截取可乐瓶的前半部与尾部，再把它首、尾套起来，然后用胶带粘牢，如图 10 - 3 - 1 所示。

（3）制作发射舱。

截取一个可乐瓶的中间部分，高 12cm。套入动力舱的瓶口部，用胶带纸粘牢。

图 10 - 3 - 1　火箭头

（4）制作储备舱。

再截取一个可乐瓶的中间部分，高 12cm。套入动力舱的尾部，用胶带纸粘牢。检查发射舱、动力舱、储备舱是否成一直线。

（5）美化火箭体。

用彩纸美化。

（6）制作尾翼。

先用较厚的有一定硬度的 16k 大小的卡纸纵向对折，在上面画出 7cm×8cm 的长方形，沿线剪下，再在靠近折缝的那边剪去一个角；然后在折口处向外反折出 1cm，作为尾翼与火箭体粘接的地方。再做同样大小的三片，共四片（也可以是三片）。把这四片尾翼均匀地用双面胶或者螺丝钉安装在发射舱尾部，如图 10-3-2 所示。

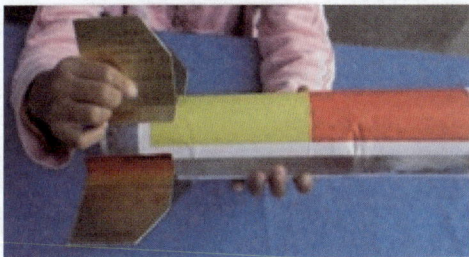
图 10-3-2　火箭尾翼

2. 制作降落伞

（1）将尼龙薄膜裁成 50cm×50cm，然后将 50cm×50cm 的尼龙薄膜的四个角剪去，形成一个正八边形。再在 8 个角上分别系上 25cm 长的线，把 8 根线的另一头合在一起打个结，如图 10-3-3 所示。

（2）在火箭头的底部打一个小孔，8 根线的结通过这个小孔，再在里面打个大大的结，把这顶降落伞牢牢地固定住，降落伞就做成了。

图 10-3-3　火箭降落伞

3. 组装

（1）在储备舱的上口打一个小孔，把储备舱上的小孔与火箭头上的小孔用一根长 65cm 的粗线连接起来。

（2）把降落伞折叠起来放进储备舱，用火箭头的尾部盖住储备舱，一枚水火箭做成了。

4. 发射

将做好的水火箭在室外进行发射，可以比一比留空时间的长短，也可以比谁打得远，也有比打靶的。

四、实训注意

（1）水火箭根据塑料饮料瓶的大小制作大小不同的水火箭，没有限制必须要使用多大的塑料饮料瓶。

（2）使用塑料饮料瓶必须选用圆形的，不要选用方形，或者其他形状的。

（3）美化火箭体时，不要把整个火箭体全部贴满，要留一条1cm宽的缝隙，以备发射时观察水位用。

（4）如果没有水火箭嘴和发射架，可以使用气门芯（自行车车胎上的气门芯）、打气筒和铁架台来完成发射。

（5）发射水火箭时，必须保证发射方向没有人，以免造成意外。

五、实训思考

（1）如何使水火箭留空时间长？

（2）如何使水火箭射得远？

（3）如何使水火箭打靶准？

实践训练四　航空模型制作

一、实训目的

1. 提高学生的动手能力

2. 让学生了解投掷飞机模型的制作、比赛规则、比赛内容以及

比赛要求

3. 让学生熟悉纸飞机的制作、比赛规则、比赛内容以及比赛要求

二、实训器材和工具

投掷飞机一套（见图 10 – 4 – 1）
双面胶一个
螺丝刀一把
A4 纸张若干张

图 10 – 4 – 1　投掷飞机套件

三、实训内容

1. 制作投掷飞机

（1）制作机翼。

用双面胶先将红色压板股东在机翼上。再用螺丝刀将机翼固定在红色的机头上，如图 10 – 4 – 2（A）所示。

（2）制作尾翼。

将水平尾翼和垂直尾翼使用双面胶带固定在红色尾翼上，如图 10 – 4 – 2（B）所示。

（3）制作机身。

机头、机尾通过机杆连接（机尾连接处为圆形，可调节位置），如图 10 - 4 - 2（C）所示。

（4）重物安装。

机头安装好配重物，完成手掷滑翔机制作，如图 10 - 4 - 2（D）所示。

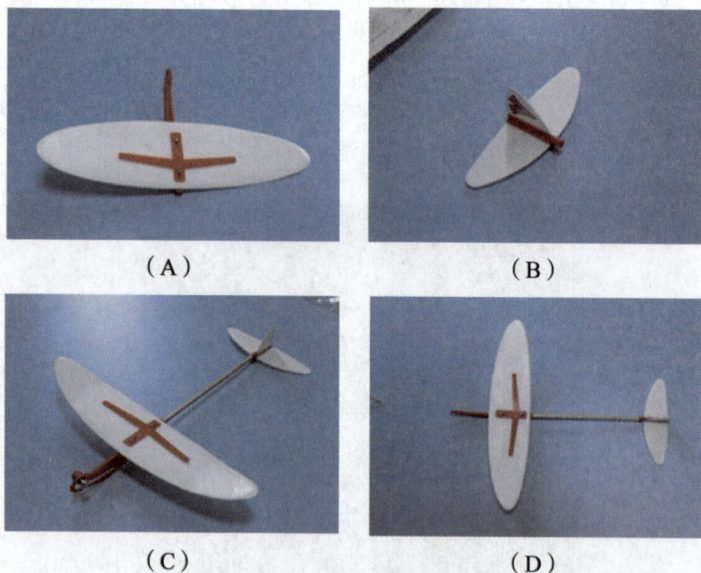

（A）　　　　　　　　　　　　（B）

（C）　　　　　　　　　　　　（D）

图 10 - 4 - 2　投掷飞机模型制作

2. 放飞

（1）机头斜向上，将配重物移到前端（Q），如图 10 - 4 - 3 所示。

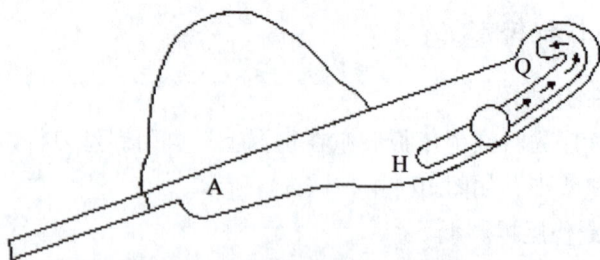

图 10 - 4 - 3　投掷飞机机头示意图

（2）两指捏在机翼下（见图 10-4-3 的 A 处），如图 10-4-4 所示，用力向前上方投出。模型爬升后，配重将自动落到后端（H），徐徐滑翔。

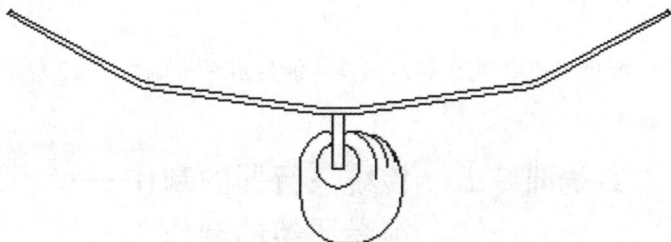

图 10-4-4 投掷飞机手指拿捏示意图

3. 调整

（1）根据机头轻重，可以拧松螺丝自由调节机翼位置，再固定。
（2）可以选装尾翼，可调节模型向左（向右）盘旋。

4. 纸折飞机比赛

纸折飞机比赛有：纸折飞机奥运五环靶标赛、悬浮纸飞机留空计时赛、纸折飞机直线距离赛，各个比赛要求和规则都不同，可以参考附录中《纸飞机规则》，本次实训主要是让学生自己动手按照要求折纸飞机，探讨和研究哪种飞机造型适合哪种比赛。

四、实训注意

（1）投掷飞机制作中，水平尾翼要居中固定在机尾上。
（2）投掷飞机的调整措施还有：增减配重垫片数；调整放飞角度；调整投掷用力；调整机杆的长度等。
（3）很多纸折飞机头部很尖锐，放飞时用力很大，并且折叠后的飞机很多学生都是没有经验的，因此，纸折飞机飞行方向会随机变化，容易造成意外（戳伤眼睛），所以，放飞纸折飞机时，必须要注意人身安全。

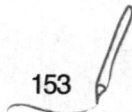

五、实训思考

(1) 根据投掷飞机比赛要求，如何使制作的投掷飞机满足比赛要求？

(2) 纸折飞机各项比赛，怎样才能使成绩提高？

实践训练五　传统飞行器的制作——
简易风筝的制作

一、实训目的

1. 提高学生的动手能力
2. 让学生熟悉和了解风筝的制作

二、实训器材和工具

长竹条若干条

棉纸（或宣纸、绸、塑料薄膜）若干张

风筝线一捆

绑扎线一捆

缝衣线一捆

白胶一瓶

飘带一条

缝衣针一枚

铅笔一支

直尺一把

水彩笔一套

美工刀一把

斜口刀一把

手摇钻（或锥子）一个

锉刀一把

三、实训内容

风筝的制作

风筝是人类最早的飞行器。中国是风筝的故乡。传说风筝起源于春秋战国时期，能工巧匠鲁班看到鹞鹰在空中盘旋飞翔而受到启发，制成"木鸢"，又称"木鹊"。到了汉代，人们发明了纸后就改用纸来做风筝，称作"纸鸢""纸鹞"。有人在纸鸢的头部装上了一个会发出声音的竹哨，每当放起纸鸢，风就会吹响纸鸢上的竹哨，发出像乐器"筝"一样的声音，故人们又将纸鸢称为"风筝"，并一直沿用到今天。风筝是人类最早制造的一种重于空气的飞行器。

最初的风筝是模仿飞鸟制造的。当时，人们经过长期观察、研究鸟类的飞行，发现鸟类飞行时并不总是扑动双翅，有时张开的双翅固定不动，也能在空中安然飞翔。风筝，就是模仿鸟的这种飞行方法制作的一种固定翼。它为后人研究发明飞机提供了重要的启示。无论是早期的飞机，还是今天最现代化的飞机，它们升力的产生装置——机翼，都是由风筝演变发展而来的。有一些特种风筝的发明，在人类航空发展的历史中有重要的意义，它指示了人造飞行器的成功之路，奠定了飞机产生升力的基本方式，跨出了人类飞向蓝天的第一步。

飞机至今还较多地保留着风筝的特征。譬如超轻型帆翼机、悬挂式伞翼滑翔机等。如今，放风筝已成为老少喜爱、在世界各国普遍开展的一项体育娱乐活动。让我们的青少年朋友也从风筝开始，迈出学习航空模型的第一步吧。

这里介绍的是一种简易菱形方块风筝，它的骨架很简单，只要把竹材劈削后绑扎牢，蒙上纸或绢、绸、塑料薄膜便成。这种风筝容易放飞，飞行效果也比较好。

制作过程：

（1）将横骨、前檐骨和中心骨按图 10 - 5 - 1 所示对接，中心骨的竹青方向要与横骨、前檐骨的竹青方向相反。

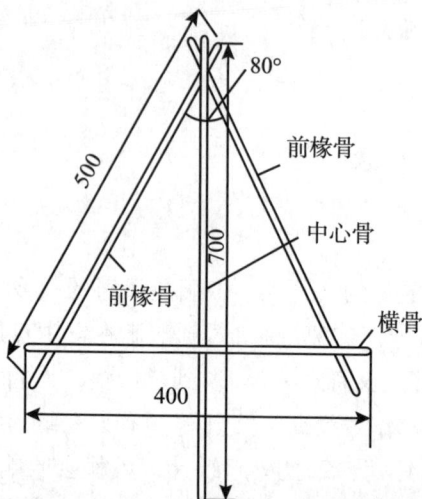

图 10 - 5 - 1　简易风筝主架

（2）用绑扎线按图 10 - 5 - 2 所示方法在各个搭接处捆扎，扎线处可涂些白胶加强。在两根前椽骨下端点与中心骨下端点拉线，使其成为菱形框架。

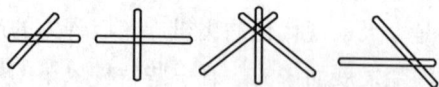

图 10 - 5 - 2　建议风筝主架绑法示意图

（3）将面料按骨架大小画好图样并剪下。

（4）用白胶将面料蒙在骨架上，并将四周向里卷上 10 毫米左右的纸边，将张线包上。

（5）在中心骨下端粘上一长 2 000 毫米的飘带。

（6）将提线的一端系在横骨与中心骨的交点上，另一端系在中心骨离下端 150 毫米处。

（7）在一个晴朗约四级风的天气找一个空旷的地方（半径 200 米之内无电线），即可进行风筝放飞。

四、实训注意

在风筝放飞时，牵引线系在提线的位置要根据具体气候条件来定：风大时要把系线位置向上移一些，以减小仰角；风小时要把系线位置向下移一些，增加仰角。通常两根提线上短下长，仰角过大会造成风筝飞行不稳。如果在放飞中发现风筝摇摆不定，可适当加长飘带。如发现风筝飞不高（牵引线与地面夹角小于45度），则可把飘带剪短一些。

五、实训思考

其他风筝如何制作。

实践训练六　传统飞行器的制作
——竹蜻蜓的制作

一、实训目的

1. 提高学生的动手能力
2. 让学生熟悉和了解竹蜻蜓的制作

二、实训器材和工具

桐木片若干条

一次性筷子一支

502 胶水一瓶

铅笔一支

直尺一把

美工刀一把

斜口刀一把

手摇钻（或锥子）一个

锉刀一把

三、实训内容

竹蜻蜓是一种起源于民间的竹制玩具，也是一种简单而有趣的直升飞行器。竹蜻蜓由一片扭曲成螺旋桨状的旋翼和一根竹柄所组成。玩的时候用手搓动竹柄带动旋翼快速转动产生升力而直升天空。

制作过程：

1. 旋翼

先加工桨叶，将 2 片 2 毫米×20 毫米×100 毫米桐木加工成图 10-6-1 所示的形状，桨叶的前缘弧度稍大些，两片桨重量要一致。然后加工桨根，先在 3 毫米×20 毫米×30 毫米桐木片上画好对角线，找出中心点，钻一个直径 4 毫米的孔，然后加工成图 10-6-2 所示的形状。

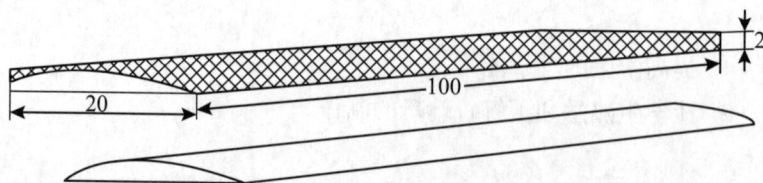

图 10-6-1 竹蜻蜓桨叶

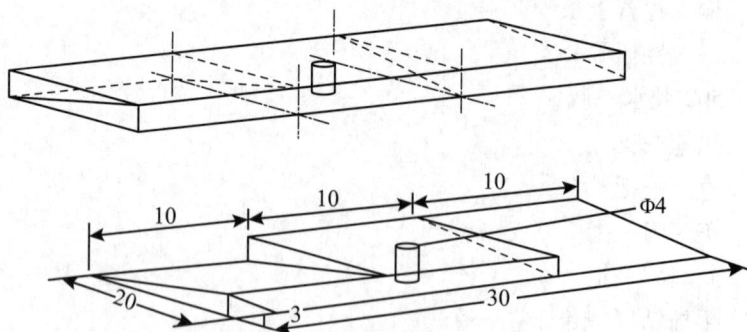

图 10-6-2 竹蜻蜓桨根

2. 竹柄

将筷子的棱角打磨掉，使之成为光滑的圆棍。一端削成直径 4 毫米的圆柱，使它能紧紧地塞进桨根，并与桨根垂直，用 502 胶水粘牢。

3. 组装

将两片桨叶粘到桨根上，注意两片桨叶的前后缘要相互平行，如图 10 – 6 – 3 所示。

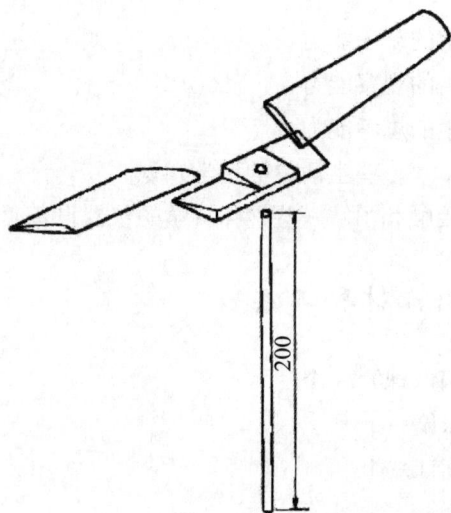

图 10 – 6 – 3 竹蜻蜓安装示意图

四、实训注意

（1）竹蜻蜓的制作方法和材料，甚至形状都不必拘泥于上面的介绍。就旋翼来讲，可用桐木类的木材，也可用竹片、塑料片，甚至硬纸片。从结构来看，有一种竹蜻蜓只有旋翼，连竹柄都可以不用。

（2）竹蜻蜓的调整，要先把竹蜻蜓放在掌心来回搓动，看看是否摇晃。若晃动不稳，则可通过调整桨叶角度来解决。此外，还可适当减小桨尖迎角，以提高旋翼的效率。

五、实训思考

其他样式的竹蜻蜓如何制作。

实践训练七　趣味科学展示

一、实训目的

1. 提高学生的动手能力
2. 提高学生的观察能力
3. 提高学生的思考能力
4. 让学生了解一些生活中的科学知识
5. 让学生接触和了解一些趣味科学的仪器设备

二、实训器材和工具

辉光球（闪电球）一个

磁悬浮地球仪一个

伽利略温度计一个

天气瓶一个

液体沙漏一个

装饰玻璃水晶一块

LED 旋转点阵显示球一个

2016 年猴年纪念币一枚（或者 2015 年羊年纪念币一枚）

放大镜一个

三、实训内容

仔细观察和操作各个科学趣味设备，根据观察到的现象结合相关科学知识理论，尝试解释科学趣味设备的原理（或工作原理），并撰写相关报告。

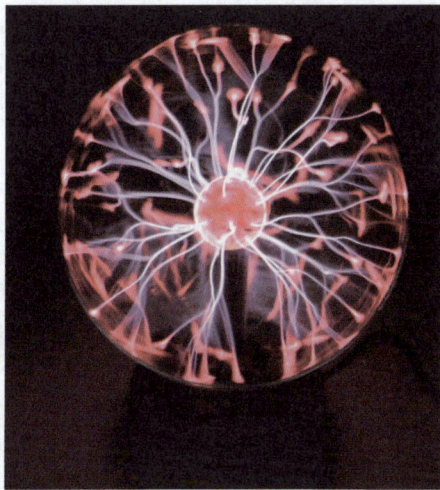

图 10 - 7 - 1 辉光球（闪电球）

1. 辉光球

开启开关，用手碰触球体，观看现象，解释其工作原理和现象的科学原理。

2. 磁悬浮地球仪

开启开关，使地球仪悬浮空中，解释其现象原理（见图 10 - 7 - 2）。

图 10 - 7 - 2 磁悬浮地球仪

3. 伽利略温度计

仔细观察伽利略温度计,解释其工作原理(见图 10 - 7 - 3)。

图 10 - 7 - 3　伽利略温度计

4. 天气瓶

仔细观察天气瓶,解释其工作原理(见图 10 - 7 - 4)。

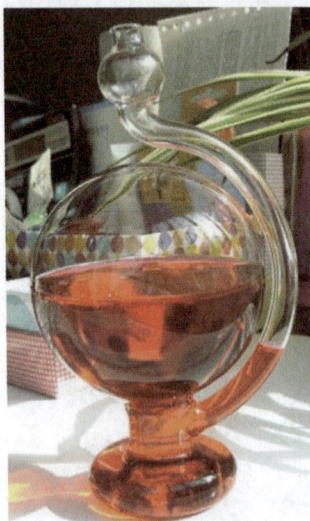

图 10 - 7 - 4　天气瓶

5. 液体沙漏

翻转液体沙漏，观察其工作现象，解释其工作原理（见图 10 – 7 – 5）。

图 10 – 7 – 5 液体沙漏

6. 装饰玻璃水晶

仔细观察装饰玻璃水晶，点亮底部的 LED 灯，再次观察装饰玻璃水晶，对比前后现象，解释其原因（见图 10 – 7 – 6）。

图 10 – 7 – 6 装饰玻璃水晶

7. LED 旋转点阵显示器

仔细观察 LED 旋转点阵显示器，打开开关，观察其工作现象和图案变化，解释其原因（见图 10 - 7 - 7）。

图 10 - 7 - 7　LED 旋转点阵显示球

8. 2016 年猴年纪念币（或者 2015 年羊年纪念币）

仔细观察 2016 年猴年纪念币（或者 2015 年羊年纪念币）（见图 10 - 7 - 8），在正面面值"10"内，规则排布有横向沟槽。翻转硬币，从硬币正面上下两侧可以分别观察到"RMB"和三组横向的"10"，如图 10 - 7 - 9 所示，这个就是这枚硬币的防伪标记。用放大镜仔细观察，在沟槽的一侧坡面上雕刻字母"RMB"、另一侧坡面上雕刻有三组数字"10"，解释其防伪原理。

图 10 - 7 - 8   2015 年羊年纪念币和 2016 年猴年纪念币

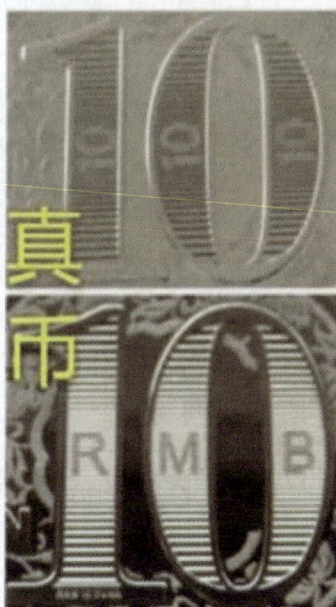

图 10 - 7 - 9   纪念币防伪记号

四、实训注意

（1）注意用电安全。

（2）轻拿轻放各仪器，不要碰撞各仪器，防止破坏各仪器设备。

五、实训思考

生活中还有哪些趣味科学，它们的原理是什么？

165

实践训练八　开放性试题

一、实训目的

1. 提高学生的动手能力
2. 让学生熟悉和了解水火箭的制作

二、实训器材和工具

A4 纸张一张
其他工具材料自选

三、实训内容

将 A4 纸扔得尽可能远远。具体要求如下：
1. A4 纸张不能有破损
2. 除了 A4 纸外不能夹杂他东西投掷
3. 扔 A4 纸的方式不限
4. 扔 A4 纸只能一次完成，并且只能扔抛动作一次
5. 扔 A4 纸，人不能越线

四、实训注意

（1）如果将 A4 纸折成飞机投掷，必须要注意，很多纸折飞机头部很尖锐，放飞时用力很大，并且折叠后的飞机很多学生都是没有经验的，因此，纸折飞机飞行方向会随机变化，容易造成意外（戳伤眼睛），所以，放飞纸折飞机时，必须要注意人身安全。
（2）投掷纸折要注意安全。

五、实训思考

如何将 A4 纸张投掷更远，依据是什么？

附录一　浙江省模型网络化竞赛项目规则

（航海）

一、总则

（1）比赛所用的模型均为本届浙江省航海模型网络化指定专用比赛器材，非指定器材不得参赛。

允许对模型进行必要的加强和改动，但模型原部件及原材质不得取消和更换。

（2）比赛器材不能借用，但允许设有备船。

（3）模型竞赛不组织现场制作，学生可以通过自己制作并调试好后的模型进行现场集中比赛。

比赛模型必须保持零部件完整无缺，除了电机、螺旋桨外，其他零部件不允许改动或更换。

二、项目设置及比赛细则

项目名称		图片	比赛细则
直线航行	"银河战士"直线竞赛		比赛场地见图1：模型动力限5号电池二节比赛进行2轮，以2轮积分为最终成绩，积分相同，以其中最高一轮成绩高者，名次列前
	"奋进号"电动训练帆船PK赛		模型动力限5号电池二节，选手随机分成2批，互相PK，剩下再为两两PK，直到决出一、二、三等奖

项目名称	图片	比赛细则
直线航行 "飞鱼"橡筋动力鱼雷积分赛		橡筋重量、规格不限，比赛进行2轮，以2轮积分为最终成绩，积分相同，以其中最高一轮成绩高者，名次列前
遥控类 "极光"2.4G电动遥控双体快艇花样式得分赛		（1）花样绕标竞赛场地（见图），比赛单人进行，每人2轮，每轮按图依次过1号门、2号门、1号门、3号门和4号门的路线航行2圈，每过一门得10分，每轮满分为100分，同时记录航行时间。 （2）参加竞赛的模型应保持零部件完整。对遥控器、船体（允许另加贴片）、接收机不允许改动或更换，电池限用4节5号电池，每节电压不超过1.62V，违者取消该轮竞赛。 （3）在整个航行过程中，运动员必须始终站在放航台上操纵模型。
"极速"号电动遥控竞赛		（4）按规定航线航行，允许模型过门时碰门标或压门标（但必须大于二分之一船体在门内），模型过门时只能一次通过（过门得10分，漏门得0分），不允许第二次过门（以触及两标延长线为准），回补无效。 （5）只有按规定航线航行的模型才能计算成绩。 （6）成绩评定：取最高一轮成绩，以航行得分高者名次列前，得分相同以用时少者名次列前

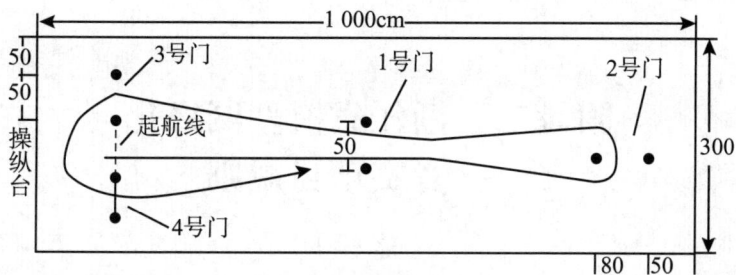

图1 遥控花样绕标场地图

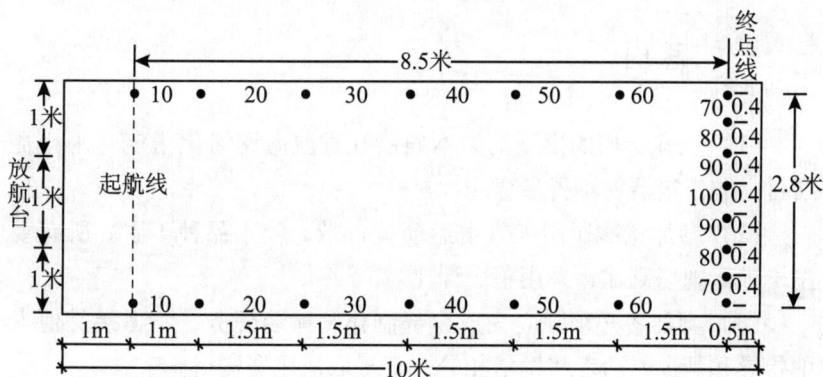

图2 直线航行场示意图

附录二 浙江省模型网络化
竞赛项目规则

（建模）

一、总则

（1）比赛所用的模型均为本届浙江省航海网络化指定专用比赛器材，非指定器材不得参赛。

（2）参加竞赛所用工具由运动员自带，胶水品种不限。所有模型不进行现场制作，采用集中评比。

（3）参赛者必须独立完成全部制作、涂装任务，不得接受他人的指导和帮助，违者将酌情扣分，直至取消比赛资格。

二、项目设置及比赛细则

项目名称	图片	比赛细则
"七彩阳光"涂装木屋模型		（1）木材部分建造分：30分。主要是评价木材粘合工艺，各墙面之间是否均成直角且无大缝隙等。 （2）涂装部分：60分。主要从涂装的工艺和图案的创意两部分来衡量，工艺包括上色的均匀协调，创意部分则主要根据涂装设计所体现的主题是否新颖、有创意等来衡量。 （3）印象分：10分。模型显示的整体效果及其工艺。

项目名称	图片	比赛细则
木结构 桥梁模型		制作完成的模型须能使80mm×80mm的承重台（如图1所示）平稳放置其中心处（公差±5mm；如图2所示）；无法放置者，竞赛成绩计为零。运动员不得使木条有任何形式的平行重叠粘接，两根木条之间的平行距离不得小于10mm。运动员可以对木条进行弯曲处理，但不得使用明火、化学方法进行处理。 承重测试距离：400mm。（如图3所示）。 静压承重测试：①承重测试赛前，裁判员对模型进行称重等检测和记录，模型重量须≤22g，总长≥500mm，高度>100mm，内部宽度须能够放置承重器。赛前由裁判员对模型进行重、测量、登记。不合格者在1分钟内进行修整，仍不合格则取消其参赛资格；②承重测试使用的支架（课桌）、测试装置（包括承重台、挂钩、电子秤、承重容器等）、承重物，均由组委会统一提供。③承重测试全程时间：3分钟，承重测试次数不限。

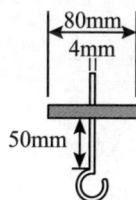

图1

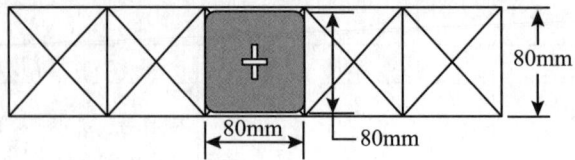

图 2

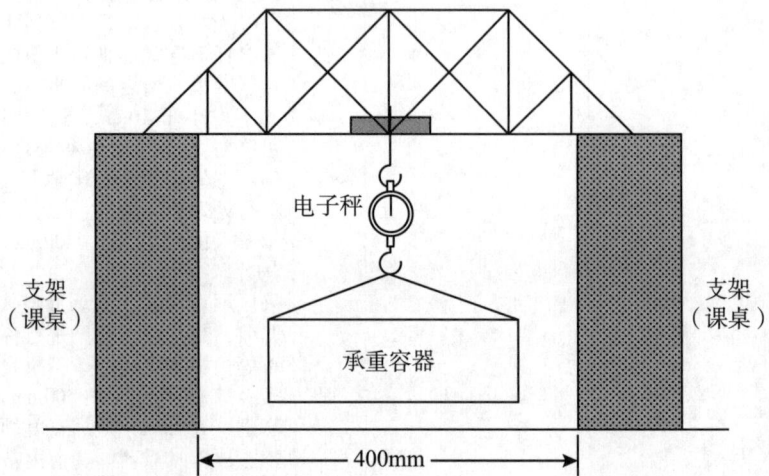

电子秤

支架
（课桌）

支架
（课桌）

承重容器

400mm

图 3

附录三　浙江省模型网络化
竞赛项目规则

（航空）

一、总则

（1）比赛所用的模型均为本届浙江省航空航天模型网络化指定专用比赛器材，非指定器材不得参赛。允许对模型进行必要的加强和改动，但模型原部件及原材质不得取消和更换。

（2）比赛进行2轮，取最高一轮成绩作为个人最终比赛成绩。

（3）比赛器材不能借用，但允许设有备机。

（4）不组织比赛现场制作，学生可以通过自己制作并调试好后的模型进行现场集中比赛。

（5）每轮成绩计绝对时间，用秒作单位，保留小数点后两位。

（6）模型起飞为手上起飞，留空时间以模型离手开始到模型触地时终止，以秒为单位，保留两位小数。模型飞行中解体或脱落零件，以其中任何一个零件触地时终止计时。

（7）若飞机留空时间在10秒以内，运动员可以申请第二次试飞。第一次试飞的成绩无效，但第二次试飞的成绩不论长短均作为该轮比赛的成绩。

二、项目设置及比赛细则

1. 竞时赛

项目名称	图片	比赛细则
"雷鸟"橡筋动力滑翔机		比赛模型橡筋的规格、重量不限
"海鸥"电动自由飞		比赛模型充电时间不限

2. 竞距赛

项目名称		图片	比赛细则
木质飞机	"天翔"木制模型飞机手掷直线距离赛		比赛场地见图：边线长30m（可以延长），端线宽20m的矩形场地。模型最大重量30g。成绩评定：测量模型机头最前端垂足距起飞端线的垂直距离
纸质飞机	纸折飞机奥运五环靶标赛		"放飞理想迎青奥"2014全国青少年纸飞机通信赛规则
	悬浮纸飞机留空计时赛		
	纸折飞机直线距离赛		

3. 障碍赛

项目名称	图片	比赛细则
"天戈"遥控直升机障碍赛		（1）每轮比赛时间为3分钟，超过时间的动作不予评分。 （2）比赛方法：模型离地即为正式飞行，飞行中任何部分落地即为比赛终止，记录此前完成项目的分值；运动员按照规定的线路依次完成各项任务，不做的动作在飞行前向裁判声明；起飞后运动员可跟随模型进行操纵，飞行中模型触及运动员身体，比赛终止，记录此前完成项目的分值。 （3）成绩的评定：每轮以模型依次完成各飞行科目所得的分之和为该轮的比赛成绩。 （4）飞行科目、要求及计分： ①起飞：离地，过上方水平圈（15分）水平呼啦圈离地面为1m，直径80cm，起飞位置为直径30cm的圆内。 ②飞越横杆：从上方过杆，再沿横杆完成360度一圈。（15分）门宽度为1.5m，第一条杆高度为1.5m，第二条杆高度为2m。 ③高台降落：模型降落后旋翼处于静止状态，（15分）若模型翻到，判0分，比赛终止。高台大小为30cm×30cm，距地面1.2m。 ④穿越隧道：从左侧进行，右则穿出。（25分）隧道直径0.8m的两个呼啦圈，圈距为0.5m，高度：圈中心距地面1.5m。 ⑤着陆：模型起落架全部在着陆区内（30分）模型起落架压线（20分）模型起落架全部在着陆区外（10分）模型着陆时翻到（0分）。着落点大小为直径40cm的圆。

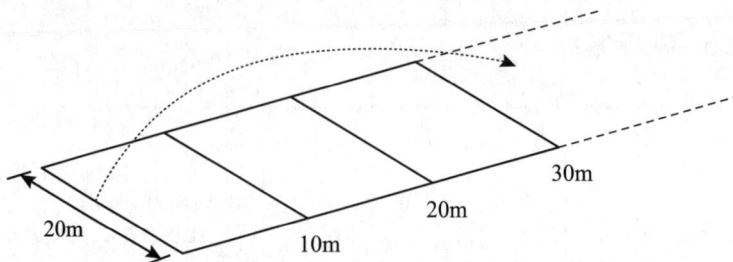

图1 "天翔"木质飞机竞赛场地图

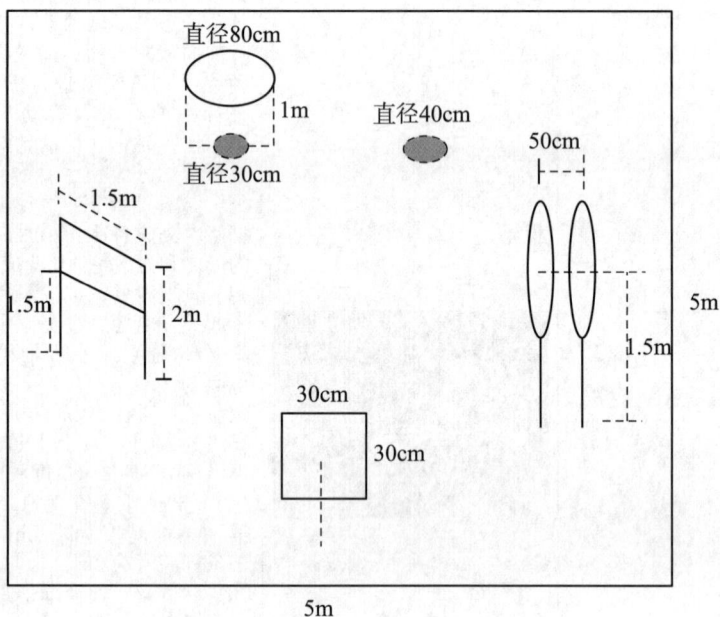

图2 "遥控直升机"竞赛场地图

纸飞机规则

一、纸折飞机奥运五环靶标赛

（1）参赛选手须在 8 分钟内，使用青少年纸飞机通信赛纸飞机专用纸现场制作 3 架纸飞机。指定纸张只能折叠，不能撕、胶粘、剪、订、悬挂重物。要求机翼最小宽度（翼展）大于 40mm。参赛选手完成制作即可按编排顺序进入飞行比赛。

（2）飞行比赛时间为3分钟。参赛选手站在起飞线外向奥运五环靶标上的直径约80cm的圆环内投掷纸飞机，起飞线距靶标分别为3m、4m、5m、6m、7m、8m、9m、10m。每位选手可选择由近至远的任意3条起飞线，在每条起飞线可投掷3次。投掷纸飞机时，纸飞机出手即为正式投掷。投掷时踩线和跨线成绩无效，并计作一次投掷。每投掷完手中的3架纸飞机后允许选手自己去捡取纸飞机。

（3）参赛选手在3米线外每投中一次得3分，在4米线外每投中一次得4分，以此类推，在10米线外每投中一次得10分；未投中不得分。以9次投掷的积分之和为参赛选手的最终成绩，分数高者名次列前。

二、悬浮纸飞机留空计时赛

（1）参赛选手须在5分钟内，使用悬浮纸飞机专用纸现场制作一至两架纸飞机。指定纸张只能折叠，不能撕、胶粘、剪、订。参赛选手完成制作即可按编排顺序进入飞行比赛。

（2）每位参赛选手二次飞行比赛机会。参赛选手使用气流生成板（约A3纸大小）操纵纸飞机，以其中1杆为出发点，进行绕标飞行，两标杆间距为6~8米。纸飞机落地，比赛结束，以留空时间最长的一次为正式比赛成绩。

（3）留空时间最长者，名次在前，留空时间相同者，以两次比赛成绩之和确定名次，两次留空时间之和最长者，名次在前。

（4）飞行中，纸飞机一旦触地、接触到任何物品则该轮比赛自动终止。

三、纸折飞机直线距离赛

（1）参赛选手须在8分钟内，使用青少年纸飞机通信赛纸飞机专用纸现场制作1~2架纸飞机。指定纸张只能折叠，不能撕、胶粘、剪、订、悬挂重物。要求机翼最小宽度（翼展）大于40mm。参赛选手完成制作即可按编排顺序进入飞行比赛。

（2）竞赛场地：室内或室外（顺风）。宽度≤10m。

（3）直线距离比赛方法：①每名参赛选手可单向飞行2次，模型出手即为正式飞行。飞出去的模型由本人拣取。②参赛选手站在起飞线外投掷模型放飞时，踩线和跨线成绩无效，并计作一次飞行。

（4）成绩评定：模型机头的最前端垂足距起飞线的单程垂直距离为投掷距离，以两次飞行中投掷距离较远的一次作为飞行成绩。投掷距离远者名次列前。30m以下成绩取整数。30m以上成绩精确到0.01m。注：各地比赛可根据实际情况适当修改规则。

附录四 浙江省模型网络化竞赛项目规则

（车辆）

一、总则

（1）比赛所用的模型均为本届浙江省航海模型网络化指定专用比赛器材，非指定器材不得参赛。

允许对模型进行必要的加强和改动，但模型原部件及原材质不得取消和更换。

（2）比赛器材不能借用，但允许设有备车。

（3）模型竞赛不组织现场制作，学生可以通过自己制作并调试好后的模型进行现场集中比赛。

参加竞赛的模型必须保持零件完整，除电机外，其余零部件不允许改动或更换。

二、项目设置及比赛细则

项目名称	图片	比赛细则
"幻影F1"电动赛车直线赛		模型动力限用2节5号电池，每节空载电压不超过1.62V，违者取消运动员竞赛资格。竞赛进行2轮，以两轮之和成绩作为个人最终成绩。若航向分相同，则行使时间少者，成绩列前。竞赛在长10m，宽1.5m的长方形平整地面上进行，以车头接触起航线计时开始，以车头接触终点线计时结束

项目名称	图片	比赛细则
"四驱车"轨道赛		模型在驶过起跑线后，不能用手碰触车辆的任何一部分，否则视作犯规，成绩无效。模型在行驶过程中，零部件脱落或停止行使，则该轮比赛成绩无效。成绩计算：由运动员现场拼装的赛车跑二轮，取二轮成绩之和评定个人名次，时间越短成绩越好。当成绩相同时，以最快一轮成绩评定名次。由参赛者自行接车，工具自备。比赛中必须注意安全。竞赛跑道图形由组委会公布。模型限用 2 节 5 号电池，每节空载电压不超过 1.62V，违者取消运动员竞赛资格
"未来之星Ⅱ"初级遥控平跑车三角标竞速赛		模型限用 4 节 5 号电池，每节空载电压不超过 1.62V，违者取消运动员竞赛资格。在竞赛过程中，运动员必须在操纵台上操纵模型，模型必须按照竞赛的指定路线行驶，允许模型碰标，只有按规定路线行驶的圈数才计算成绩。模型绕错标或漏标后，必须重新绕标，否则此圈不计成绩。模型在行驶中出现故障，允许运动员进行修理。故障排除后，允许模型在发生故障处重新投入竞赛，并在原有的有效圈数上继续计算行驶圈数，但维修时计时不停止。裁判员用倒计时"5、4、3、2、1、开始"口令宣布比赛开始，车头触及起航线计时开始，车头触及终点线，计时结束。行驶路线中的标识为圆柱体，直径小于160mm，高度小于 50mm 色彩和竞赛场地有明显差异。竞赛进行 2轮，取最好一轮成绩，每轮竞赛的圈数为 5 圈，所用时间少者成绩列前。行驶路线图：边长为 5 米的等边三角形，终点线为等边三角形中线的延长线

项目名称	图片	比赛细则
1/28 闪电遥控车（2.4G）花标竞速赛		每轮竞赛的圈数为 2 圈，所用时间少者成绩列前，模型限用 4 节 7 号电池，每节空载电压不超过 1.62V，违者取消运动员竞赛资格。在竞赛过程中，运动员必须在操纵台上操纵模型，模型必须按照竞赛的指定路线行驶，允许模型碰标，只有按规定路线行驶的圈数才计算成绩。模型绕错标或漏标后，必须重新绕标，否则此圈不计成绩。模型在行驶中出现故障，允许运动员进行修理。故障排除后，允许模型在发生故障处重新投入竞赛，并在原有的有效圈数上继续计算行驶圈数，但维修时计时不停止。裁判员用倒计时"5、4、3、2、1、开始"口令宣布比赛开始，车头触及起航线计时开始，车头触及终点线，计时结束。行驶路线中的标识为圆柱体，直径小于 160mm，高度小于 50mm 色彩和竞赛场地有明显差异。竞赛进行 2 轮，取最好一轮成绩，每轮竞赛的圈数为 2 圈，所用时间少者成绩列前
1/16 驾驭未来竞速赛		(1) 竞赛器材及要求：1/16 遥控电动房车竞速赛采用兴耀华 16426 型电动房车；1/16 遥控电动越野竞速赛采用兴耀华 16421 型电动越野车；1/16 遥控电动越野竞速赛（有刷组）采用兴耀华 16421 型电动越野车。 (2) 不允许改动或更换遥控器（只允许使用全国赛配套的 2.4G 遥控设备）、舵机、电子调速器。 (3) 必须使用原厂车型配套的 ZDB2435 型无刷电动机或兴耀华 370 型有刷电机、兴耀华 7.4V 锂电池或兴耀华 7.2V 镍氢电池。其中有刷组必须采用 370 型有刷电机和兴耀华 7.2V 镍氢电池

项目名称	图片	比赛细则
1/16 驾驭 未来竞速赛		（4）不允许采用自制零件，但允许在兴耀华零部件基础上对赛车进行改造，允许采用兴耀华原厂原型号配套的升级配件进行升级改造，底盘可以加固或减轻。车壳必须着色美化，保留原车型定风翼。不得在原车壳外加装保护物体。对人身可能有伤害的车辆和零部件不能用于比赛。 竞赛时间及成绩评定：每轮比赛时间 5 分钟，当运动员违规车被叫罚停后，要在两圈内驶入维修区，助手要把被罚停的赛车拿到维修通道以外，双手不得接触到赛车开始记罚停时间，罚停期间助手不得维修赛车，比赛中，所有车辆的维修必须要在维修区进行。 判罚： （1）竞赛发车时抢跑的车辆、助手触摸车辆的，该车在比赛过程中将被罚停。（每次罚停 5 秒） （2）赛车在行驶车途中因故未在维修站维修，未从维修站驶出将被罚停。 （3）运动员的车辆被罚停时，助手对罚停车辆进行维修的，下一圈将继续罚停。 （4）落后一圈以上的车辆必须主动给头车让路，不得有任何阻挡、碰撞快车的动作，违者第一次警告，第二次罚停，第三次取消成绩并且要立即驶回维修站或罚离赛道。 （5）因操纵不当，造成车辆没按正常路线行驶、漏标、抄近路等：须自行通过维修区罚停秒数；警告后仍然未自行罚停，视情节在该运动员的总时间内加罚倍数以上秒数，直至取消一圈的成绩；情节严重的，取消该运动员该轮成绩

续表

项目名称	图片	比赛细则
1/16 驾驭未来竞速赛		（6）被叫罚停后一圈内不把车辆驶入维修区的运动员提醒一次，如再不执行将在该轮成绩内取消该运动员一圈的成绩。仍然不执行者，取消该运动员该轮成绩。 （7）不做下一组公共助手的，不履行自己义务或执车时故意拖延的，取消该运动员该轮成绩。 （8）运动员的助手多于规定的人数，将取消该运动员该轮成绩。 （9）一轮比赛中途换赛车、换动力电池和遥控设备的，取消该运动员该轮成绩。 （10）决赛进结束倒数秒时，任何运动员和助手有触摸本参赛车辆或他人参赛车辆的，将被取消该运动员或肇事者的成绩。

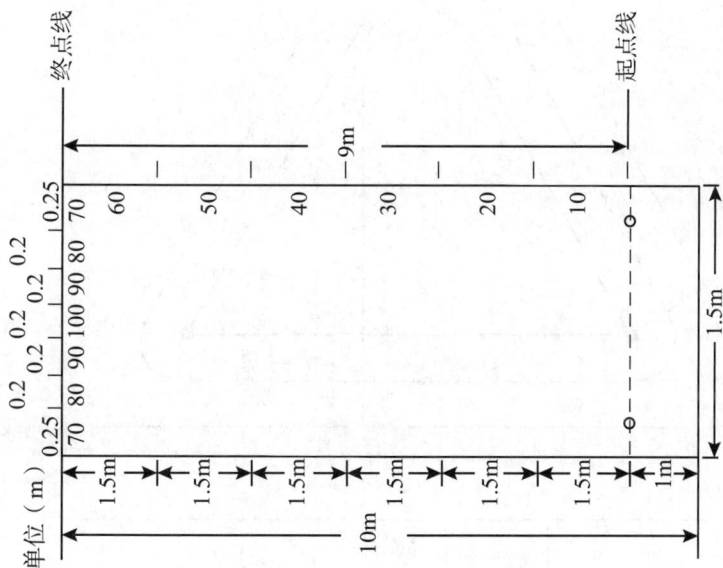

图 1 F1 创意电动直线车竞赛场地图

图 2　校园轨道图：彩虹桥换道式样

轨道尺寸：4.7m×3.7m，弯道：44 节

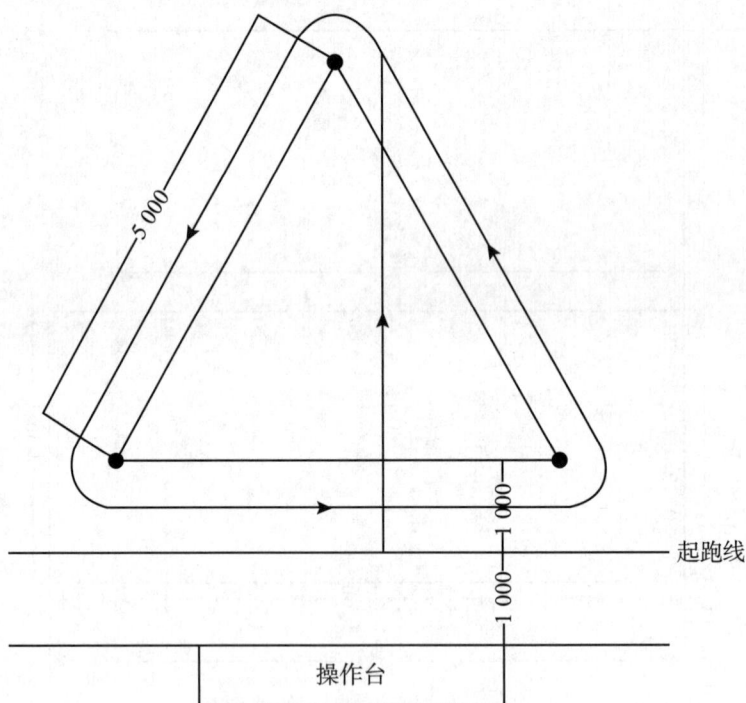

图 3　"未来之星"三角标竞赛场地图

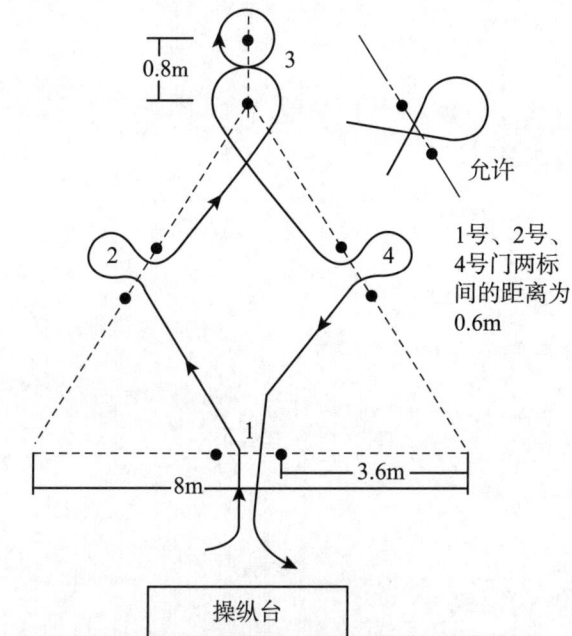

0.8m

3

允许

1号、2号、4号门两标间的距离为0.6m

2

4

1

8m

3.6m

操纵台

图4　1/28　遥控车竞赛场地图
场地边长为8m的等边三角形

"1/16 驾驭未来"竞速赛：场地为 15m×28m（标准篮球场大小），赛道宽度 3~5m。路面为柏油、水泥、塑胶均可。如进行越野赛可在赛道中设置坡道 1~2 组。坡长 1.3m，坡高 20~30cm。操纵台高 0.5~1m，长 8~10m（可站 10 人）。

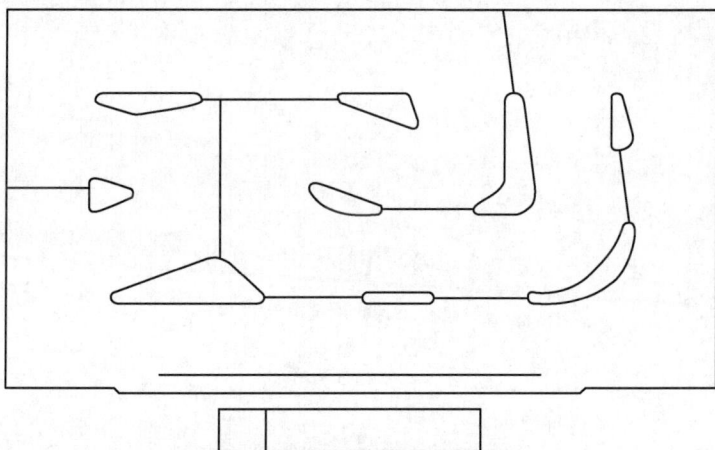

图5　"1/16 驾驭未来"竞速赛场地图

185